Steuerberater Martin Meißner

Steuern gestalten mit Immobilien

Ein Einblick in das deutsche Steuerrecht IV

Bibliografische Information der Deutschen Nationalbibliothek:
Die Deutsche Nationalbibliothek verzeichnet diese Publikation in
der Deutschen Nationalbibliografie; detaillierte bibliografische
Daten sind im Internet über http://dnb.dnb.de abrufbar.

Inhalt: Martin Meißner (Steuerberater)
Cover und Design: Frederike von der Osten

Herstellung und Verlag: BoD – Books on Demand, Nor-
derstedt

ISBN: 9783755738459

Inhaltsverzeichnis

Vorwort – Die Idee dieses Buches

Als Diplom-Finanzwirt (FH) und Steuerberater hatte ich die Möglichkeit mich jahrelang mit dem deutschen Steuerrecht zu befassen und arbeite täglich damit.

In zahlreichen Gesprächen mit den verschiedensten Personen aus unterschiedlichen Bereichen ist mir jedoch bewusst geworden wieviel Halbwissen oder völlig falsche Gerüchte kursieren. Daher habe ich mich dazu entschlossen einen Teil meines Wissens als Überblick weiterzugeben.

Nach der Lektüre dieses Buches wird der Leser ein grundlegendes Verständnis über das deutsche Steuerrecht haben, soweit es sich um den Bereich der Immobilen handelt.

Für diejenigen, die ausschließlich dieses Buch zu Hand nehmen sind die ersten Kapitel, welche eine Zusammenfassung der Themen Steuerpflicht, Abgrenzung Gewinn-/Überschusseinkünfte, Einnahmen/Werbungskosten sowie Betriebseinnahmen und Betriebsausgaben zum Inhalt haben. In den anderen Büchern dieser Reihe sind die Details zu diesen Themen weitergehender erläutert.

Dieses Buch behandelt einen speziellen Teil des Steuerrechts, der vor allem für Immobilieninvestoren und solchen die es werden wollen interessant ist. Darüber hinaus enthält dieses Buch auch Tipps und Gestaltungsmöglichkeiten rund um die private Immobilie.

Es bleibt festzuhalten, dass dieses Werk lediglich einen allgemeinen und grundlegenden Einblick gibt, wenn auch hier spezialisierter als in den vorhergehenden Büchern der Reihe. Aufgrund einer Vielzahl von Ausnahmen, Rückausnahmen und Ausnahmen von den Rückausnahmen in unserem Rechtssystem kommt es immer auf die individuellen Umstände des Einzelfalls an. Dieses Werk ist daher nicht als abschließende steuerliche Beratung zu betrachten und spiegelt nur den Rechtsstand zum Zeitpunkt der Erstellung wider. Eine steuerliche Beratung wird hierdurch weder gegeben noch ersetzt.

Es gibt das Gerücht, dass mehr als 80% der Fachliteratur zum Steuerrecht auf Deutsch ist. Ob dies stimmt oder nicht, vermag ich nicht zu beurteilen, jedoch gibt es in der Tat eine derartige Vielzahl unterschiedlicher Kommentarliteratur, Verwaltungsanweisungen und Sammlungen von Gerichtsurteilen, dass allein die vollständige Auflistung ein ganzes Buch füllen könnte. Um dieses Werk jedoch für die meisten Leser verständlich zu halten, werde ich auf die Wiedergabe von Kommentaren verzichten und die Zitierung von Gerichtsurteilen und Verwaltungsanweisungen auf ein Minimum beschränken.

In diesem Buch wird daher maßgeblich der Gesetzestext des Einkommensteuergesetztes (Stand 2020) erläutert, zusammengefasst und in eine verständliche Reihenfolge gebracht. Ein Verzicht auf Fachjargon halte ich zum größeren Verständnis allerdings für nicht zweckmäßig.

1. Erläuterung der Systematik

Damit dieses Buch seiner Zielsetzung als Nachschlagewerk bzw. der Erreichung eine Grundverständnisses des deutschen Steuerrechts gerecht werden kann, ist es notwendig mit den Grundlagen zu beginnen und erst dann die Details zu betrachten.

Daher erfolgt der Beginn mit der Betrachtung der allgemeinen Steuerpflicht. Im Anschluss wird die Zuordnung der Einkunftsarten allgemein behandelt.

Erst danach werden die unterschiedlichen Möglichkeiten Immobilien zu halten erläutert. Nach diesem Abschluss der Grundlagen werden Sonderabschreibungsmöglichen und weitere Gestaltungsmittel im Zusammenhang mit Immobilien dargestellt.

Zum Abschluss werden die Pflichten gegenüber dem Finanzamt und die Steuerberechnung beleuchtet, um auch dieses für die meisten eher unliebsame Thema abzuschließen.

Wer diese Grundlagen versteht ist in der Lage seine Steuern mit Immobilien optimal zu gestalten und sich teilweise die Immobilien vom Fiskus finanzieren zu lassen.

2. Die persönliche Steuerpflicht

2.1. Unbeschränkte Steuerpflicht von Privatpersonen

Natürliche Personen, die im Inland einen Wohnsitz oder ihren gewöhnlichen Aufenthalt haben, sind unbeschränkt einkommensteuerpflichtig.[1]

Mit diesem Satz wird das Einkommensteuergesetz eingeleitet und es bedarf bereits nach dem ersten Satz der genaueren Definition von vier Tatbestandsmerkmalen und der Rechtsfolge. Zu klären sind, was eine natürliche Person ist, welches Gebiet das Inland umfasst, wodurch ein Wohnsitz definiert, wird bzw. was den gewöhnlichen Aufenthalt ausmacht.

Eine natürliche Person ist gemäß dem § 1 BGB jeder Mensch ab der Vollendung der Geburt. Dies bedeutet, dass jeder Mensch – mit Wohnsitz / gewöhnlichem Aufenthalt – vom ersten Tage seines Lebens an der Einkommensteuer unterliegt. Das Steuerrecht ist in diesem Punkt gerecht und unterscheidet nicht nach Alter, Geschlecht, Herkunft, Religion, Staatsangehörigkeit etc.

---

[1] § 1 Abs. 1 Satz 1 EStG.

Als Inland gilt grob formuliert das Hoheitsgebiet der Bundesrepublik Deutschland.

Ein Wohnsitz hat jemand dort, wo er eine Wohnung derart unterhält, dass die Umstände darauf schließen lassen, dass er diese beibehalten und benutzen wird.[2] Der Begriff der Wohnung ist nur dann erfüllt, wenn diese das ganze Jahr über genutzt werden kann, d.h. neben 4 Wänden und einer Tür muss ein Anschluss für fließendes Wasser und Strom sowie eine Heizmöglichkeit vorhanden sein. Eine minimale Größe ist hierbei nicht vorgegeben. Dies bedeutet, dass ein Zelt oder eine Ferienwohnung ohne Ofen / Heizung noch keine Wohnung im Sinne des Gesetzes darstellt. Ein WG-Zimmer ist jedoch bereits ausreichend, da Küche und Bad mitverwendet werden können. Eine Benutzung muss möglich sein, sodass trotz Wohnung kein Wohnsitz vorliegt, wenn diese dauerhaft vermietet ist oder aufgrund rechtlicher Bestimmungen nicht bewohnt werden darf. Dieser Punkt erlangt vor allem dann Bedeutung, wenn man eigentlich eine zur Vermietung gedachte Immobilien in Deutschland erworben hat, diese aber nicht vermietet bekommen. In diesem Fall hat man die Wohnung theoretisch zur Nutzung zur Verfügung und kann damit der unbeschränkten deutschen Einkommensteuer unterliegen.

Die Alternative dazu – der gewöhnliche Aufenthalt in Deutschland – liegt dann vor, wenn der Aufenthalt im Inland mehr als sechs Monate zusammenhängend

---

[2] § 8 AO.

anhält, jedoch ausnahmsweise nicht, wenn dieser Aufenthalt ausschließlich Urlaubszwecken oder der Kur dient[3].

Neben diesen Punkten gibt es noch Sondertatbestände, die zur unbeschränkten Einkommensteuerpflicht führen z.B. für Diplomaten oder sonstige Staatsdiener mit Wohnsitz / gewöhnlichen Aufenthalt außerhalb des Inlandes.

Und schlussendlich besteht die Möglichkeit sich freiwillig der unbeschränkten Einkommensteuerpflicht des deutschen Fiskus zu unterwerfen, sofern nahezu ausschließlich inländische Einkünfte (dazu später mehr) erzielt werden. Dies kann in einzelnen Fällen sinnvoll sein, um u.a. in den Genuss des Grundfreibetrages und der Sonderausgabenabzüge zu kommen.

Die Folge der unbeschränkten Einkommensteuerpflicht ist, dass das gesamte Welteinkommen der deutschen Einkommensteuer unterliegt. Es spielt dann keine Rolle mehr, ob Einnahmen aus der Vermietung einer spanischen oder einer deutschen Immobile erzielt werden. Aus allen Einkünften will der deutsche Fiskus Steuern haben – soweit dem nicht internationale Beschränkungen wie z.B. Abkommen zur Vermeidung der Doppelbesteuerung ("Doppelbesteuerungsabkommen") entgegenstehen.

---

[3] § 9 AO.

2.2. Unbeschränkte Steuerpflicht von juristischen Personen

Als juristische Personen werden Gesellschaften bezeichnet, die aufgrund ihrer eigenen Rechtspersönlichkeit sowohl zivilrechtlich als auch steuerlich als rechtfähig eingestuft werden. Hierrunter fallen u.a. Kapitalgesellschaften wie die Gesellschaften mit beschränkter Haftung (GmbH) und die Unternehmergesellschaft (UG haftungsbeschränkt) als Sonderform der GmbH, außerdem Genossenschaften und (nichtrechtsfähige) Vereine sowie Stiftungen.

Eine juristische Person unterliegt der unbeschränkten Steuerpflicht in Deutschland, wenn diese ihren Sitz (gem. Gesellschaftsvertrag bzw. Handelsregistereintragung) oder ihre Geschäftsleitung im Inland hat.[4]

Beispielsweise unterliegt eine spanische Kapitalgesellschaft, deren einziger Geschäftsführer ausschließlich von Deutschland aus tätig wird der unbeschränkten deutschen Steuerpflicht.

Hierbei ist die Besonderheit zu beachten, dass juristische Personen i.S.d. § 1 Abs. 1 Nr. 1 bis Nr. 3 KStG gem. § 8 Abs. 2 KStG im Falle der unbeschränkten Steuerpflicht ausschließlich Einkünfte aus Gewerbebetrieb erzielen. Das hat zur Folge, dass sämtliches Vermögen Betriebsvermögen und damit steuerver-

---

[4] § 1 Abs. 1 KStG.

strickt ist. Dies ist z.B. für Abschreibungen relevant, aber auch zur Steuerpflicht beim Verkauf von Immobilien. Dies betrifft die Kapitalgesellschaften und Genossenschaften, nicht jedoch Vereine und Stiftungen. Die Einordnung in die unbeschränkte Steuerpflicht im Ergebnis für juristische Personen daher noch weitergehende Folgen, als dies bei natürlichen Personen der Fall ist.

Der Inlandsbegriff i.S.d. KStG ist analog dem des Einkommensteuergesetzes, d.h. dem bei natürlichen Personen zu verstehen.

2.3. Beschränkte Steuerpflicht

Derjenige, der Mangels Wohnsitz oder gewöhnlichen Aufenthalt bzw. bei juristischen Personen Mangels Sitz bzw. Geschäftsleitung im Inland, nicht in die unbeschränkte Steuerpflicht fällt, hat seine Einkünfte noch nicht vor dem Zugriff des deutschen Fiskus gesichert. Denn dann greift eventuell die beschränkte Steuerpflicht für inländische Einkünfte.[5]

Der § 49 EStG enthält einen umfangreichen und abschließenden Katalog, wann welche Einkünfte im Inland erzielt werden. Zusammenfassen lässt sich der Paragraf dahingehend, dass immer dann, wenn die Quelle der Einkünfteerzielung sich im Inland befindet, auch die daraus erzielten Einkünfte inländisch sind. Für dieses Buch ist hierbei vor allem vermieteter oder verpachteter Grundbesitz, welcher im Hoheitsgebiet der Bundesrepublik Deutschland liegt, entscheidend um eine beschränkte Steuerpflicht zu begründen.

Die beschränkte Steuerpflicht hat zur Folge, dass nur diese inländischen Einkünfte in Deutschland zu versteuern sind, jedoch persönliche Begünstigungen wie z.B. der Grundfreibetrag, Sonderausgaben und außergewöhnliche Belastungen grundsätzlich nicht in Anspruch genommen werden können (bei Privatpersonen)

---

[5] § 1 Abs. 4 EStG.

Bei juristischen Personen ergibt sich durch den § 8 Abs. 2 KStG (im Umkehrschluss) in Verbindung mit § 49 Abs. 1 Buchstabe f) Doppelbuchstabe aa) EStG die Folge, dass Vermietungseinkünfte als Einkünfte aus Vermietung und Verpachtung zählen (d.h. diese sind nicht zwangsläufig als gewerbliche Einkünfte zu qualifizieren, wie dies bei den unbeschränkt steuerpflichtigen Körperschaften der Fall ist). Dies hat zur Folge, dass keine Gewerbesteuer anfällt. Vorsicht ist jedoch in Hinblick auf den § 49 Abs. 1 Buchstabe f) Doppelbuchstabe bb) EStG geboten. Demnach ist der Verkauf von Immobilien auch außerhalb der Spekulationsfrist steuerpflichtig.

Wer in Deutschland beschränkt einkommensteuerpflichtig ist, unterliegt für gewöhnlich in einem anderen Land der unbeschränkten Steuerpflicht. Je nach Ausgestaltung des jeweiligen Steuerrechts und internationaler Abkommen, können die deutschen Einkünfte dort steuerfrei gestellt werden oder eine in Deutschland gezahlte Steuer angerechnet werden. Angesichts der im internationalen Vergleich teilweise recht hohen deutschen Steuern, kann es dennoch zu einem Überhang von deutscher Steuerbelastung kommen. Von der detaillierten Betrachtung der unterschiedlichen Behandlung dieser sogenannten Inbound- und Outbound-Fälle wird in diesem Buch abgesehen.

3. Die Einordnung der Einkunftsarten

3.1. Gewinneinkünfte

3.1.1. Einordnung

Grundsätzlich unterscheidet das deutsche Steuerrecht zwei große Klassen von Einkünften. Die erste davon sind die sogenannten Gewinneinkünfte. Darunter fallen Einkünfte aus Gewerbebetrieb, Einkünfte aus Land- und Forstwirtschaft sowie Einkünfte aus selbstständiger Tätigkeit[6]. Aufgrund der eigenen Komplexität hinsichtlich der Gewinnermittlung, Buchführungspflichten sowie Bewertungsthemen werden diese Einkünfte hier nicht detailliert dargestellt, sondern lediglich die Grundlagen vermittelt um die unterschiedlichen Besteuerungen je nach Art der Immobilienverwaltung bzw. Gesellschaftsform zu verstehen.

Die Bezeichnung der Einkünfte resultiert aus der Formulierung des Gesetzes wonach die Einkünfte aus den o.g. Quellen der Gewinn ist.

Bezeichnend an diesen Einkünften ist, dass die Tätigkeit in jeden Fall selbstständig, nachhaltig, mit Gewinnerzielungsabsicht und unter Teilnahme am all-

---

[6] § 2 Abs. 2 Satz 1 Nr. 1 EStG.

gemeinen wirtschaftlichen Verkehr (für jedermann angeboten) ausgeübt wird. [7]Darüber hinaus existiert das ungeschriebene Tatbestandsmerkmal wonach die Grenze der reinen Vermögensverwaltung nicht überschritten sein darf.

Daneben gelten bei unbeschränkt steuerpflichtigen Kapitalgesellschaften und Genossenschaften (nicht jedoch z.b. Vereine) Kraft Gesetz alle Einkünfte als solche aus Gewerbebetrieb (siehe auch 2.2.). [8]

Die steuerlichen Folgen der Abgrenzung werden im Bereich der gewerblichen Vermietung bzw. des gewerblichen Grundstückshandels noch näher erläutert.

Bei der Bilanz wird der Gewinn durch den Betriebsvermögensvergleich ermittelt. Dies bedeutet, dass dem Endvermögen am Bilanzstichtag (i.d.R. 31. Dezember) das Anfangsvermögen (i.d.R. 1. Januar) eines Wirtschaftsjahres gegenübergestellt wird. Dieser Wert wird nur durch Entnahmen und Einlagen korrigiert. Die Gewinn- und Verlustrechnung führt zum gleichen Ergebnis und ist leichter nachzuvollziehen bzw. bietet noch weitere Details zur Zusammensetzung der Betriebseinnahmen bzw. -ausgaben. Allerdings weicht hierbei die Realisierung der Einnahmen bzw. Ausgaben vom tatsächlichen Zufluss ab (siehe Bilanzierungsgrundsätze).

---

[7] § 15 Abs. 2 Satz EStG.
[8] § 8 Abs. 2 KStG.

In bestimmten Fällen ist auch eine Gewinnermittlung nach § 4 Abs. 3 EStG (Einnahmen-Überschuss-Rechnung) möglich, für welche die gleichen Zufluss- und Abflussregelungen gelten wie bei den Überschusseinkünften.

3.1.2. Bilanzierungsgrundsätze

Der Gewinn ist entweder als Überschuss der Betriebseinnahmen über die Betriebsausgaben zu berechnen oder als Unterschiedsbetrag des Betriebsvermögens.

Die einfache Variante ist die sogenannte Einnahmen-Überschuss-Rechnung oder 4-3 Rechnung, die sich aus dem § 4 Abs. 3 EStG ergibt. Diesbezüglich gelten im Kern die gleichen Grundsätze zum Zufluss von Einnahmen bzw. zum Abfluss der Ausgaben, wie bei den Überschusseinkünften (§ 11 EStG), auf die unter dem Punkt 3.2. näher eingegangen wird. Um Wiederholungen zu vermeiden, wird dies daher an dieser Stelle nicht näher beleuchtet.

Zum besseren Verständnis der Gewinnermittlung durch den Bilanzvermögensvergleich ist es wichtig einige Grundlege Begriffe zu klären. Es wird allerdings vorausgesetzt, dass ein grundlegendes betriebswirtschaftliches Verständnis vorhanden ist.

Die Bilanzierungsgrundsätze ergeben sich maßgeblich aus dem Handelsgesetzbuch (HGB). Im Rahmen dieses Buches wird lediglich auf die wichtigsten (zentralen) Grundsätze hingewiesen:

- Bilanzwahrheit: Die in der Bilanz angesetzte Werte (Bilanzposten) müssen richtig und vollständig sein.

- Vorsichtsprinzip / Realisationsprinzip / Niederwertprinzip / Imparitätsprinzip: Bewertungen sind vorsichtig vorzunehmen. Dies hat auf der einen Seite zur Folge, dass Schulden und Risiken (inkl. Forderungsausfälle) eher höher anzusetzen sind und zwar in dem Zeitpunkt in dem diese wirtschaftlich entstanden sind d.h. sobald diese wahrscheinlich eintreten. Zum anderen dürfen Gewinne erst dann ausgewiesen werden, wenn diese wirklich realisiert worden sind. Außerdem dürfen Aktivposten maximal mit ihren Anschaffungs- oder Herstellungskosten angesetzt werden. Eine etwaige Wertsteigerung wird erst durch den Verkauf realisiert. Im Kern heißt dies, dass ein Kaufmann sich nicht reicher machen darf als er ist.
- Bilanzkontinuität: Dies bedeutet, dass Ansatz- und Bewertungsmethoden nicht willkürlich geändert werden dürfen. Zwar können Wahlrechte später auch abweichend ausgeübt werden, jedoch sollten dafür Gründe vorliegen und dies sollte so selten wie möglich passieren.

Die Berücksichtigung und Einhaltung dieser Grundsätze ist sehr wichtig, da nur dann eine Bilanz den gesetzlichen Regelungen entspricht. Wer dagegen verstößt kann sich z.B. gegenüber Kreditgebern zusätzlich haftbar machen und ggf. strafbar machen.

3.1.3. Betriebseinnahmen und Betriebsausgaben

Betriebseinnahmen sind alle Einnahmen in Geld oder Geldeswert (Dienstleistungen und Waren), die im Rahmen der betrieblichen Tätigkeit bezogen werden bzw. durch diese veranlasst sind. Hierzu gehört das Entgelt für Dienstleistungen, erhaltene Mieten aber auch z.b. die Zinsen auf betrieblichen Bankkonten.[9]

Betriebsausgaben sind alle Aufwendungen, die durch die betriebliche Tätigkeit veranlasst sind bzw. für die Erzielung der entsprechenden Einnahmen erforderlich sind.[10] Hierunter fallen sämtliche Aufwendungen wie Schuldzinsen zur Finanzierung von Betriebsvermögen bzw. von Wareneinkäufen oder laufenden betrieblichen Aufwendungen, Büromaterial, Reisekosten etc.

Sofern kein ausreichender Veranlassungszusammenhang mit dem Betrieb gegeben ist oder eine Vermischung von betrieblicher und privater Veranlassung untrennbar zusammenfällt, handelt es sich bei solchen Aufwendungen um nicht abziehbare Kosten der privaten Lebensführung i.S.d. § 12 Nr. 1 EStG.

Außerdem gelten weitere Abzugsbeschränkungen nach § 4 Abs. 5 bis Abs. 10 EStG. Hierunter fallen u.a.

---

[9] § 4 Abs. 4 EStG UKS.
[10] § 4 Abs. 4 EStG.

30% der Bewirtungsaufwendungen[11] (sofern die Kosten ansonsten betrieblich veranlasst sind und die Aufzeichnungspflichten erfüllt sind), die Kosten für ein häusliches Arbeitszimmer (sofern keine Ausnahmen greift, die doch einen Abzug zulässt)[12] und die Gewerbesteuer.[13] Für juristische Personen gelten ebenso entsprechende Abzugsbeschränkungen, sowie darüberhinausgehende wie z.B. für einen Teil der Aufwendungen für den Aufsichtsrat.[14]

Die privaten Einkommensteuern gelten gem. § 12 Nr. 3 EStG und die Körperschaftsteuer einer juristischen Person gem. § 10 Nr. 2 KStG als nicht abziehbare Ausgaben.

---

[11] § 4 Abs. 5 Nr. 2 EStG.
[12] § 4 Abs. 5 Nr. 6b EStG.
[13] § 4 Abs. 5b EStG.
[14] § 10 Nr. 4 KStG.

3.1.4. Entnahmen und Einlagen sowie verdeckte Gewinnausschüttungen / verdeckte Einlagen

Entnahmen und Einlagen sind für Einzelunternehmer und Personengesellschaften von besonderer Bedeutung.

Für juristische Personen haben diese eine geringfügigere Bedeutung, da es bei diesen Gesellschaften per Definition grundsätzlich keine private Sphäre gibt (Ausnahmen gelten z.B. bei beschränkt steuerpflichtigen Gesellschaften und Stiftungen). Für diese Gesellschaften gibt es allerdings das steuerliche Konstrukt der verdeckten Einlagen bzw. verdeckten Gewinnausschüttungen, welche am Ende dieses Kapitels kurz erläutert werden

„Einlagen sind alle Wirtschaftsgüter (Bareinzahlungen und sonstige Wirtschaftsgüter), die der Steuerpflichtige dem Betrieb im Laufe des Wirtschaftsjahres zugeführt hat".[15] Kurz gesagt jeder Euro, der aus der privaten Geldbörse oder vom Privatkonto für betriebliche Zwecke verwendet wird ist eine Einlage.
Wirtschaftsgüter, die zu mindestens 10% betrieblich genutzt werden dürfen Betriebsvermögen werden und Wirtschaftsgüter, die zu mehr als 50% betrieblichen Zwecken dienen werden zwangsläufig Betriebsvermögen. Der Klassiker hierbei ist der Pkw. Bei die-

---

[15] § 4 Abs. 1 Satz 8 1. HS EStG.

sem lohnt es sich meistens vorher zu prüfen, ob sich eine Aktivierung wirklich lohn.

Solange die Einlagen in Geld bestehen, stellt sich die Frage der Bewertung nicht. Sofern allerdings Wirtschaftsgüter (Pkw, Immobilien etc.) eingelegt werden, ist es wichtig zu wissen welcher Wert angesetzt wird. Grundsätzlich erfolgt die Bewertung mit dem Teilwert zum Zeitpunkt der Zuführung in das Betriebsvermögen.[16] Der Teilwert ist definiert als der Wert den ein fiktiver Erwerber des gesamten Unternehmens anteilig für dieses Wirtschaftsgut bezahlen würde. Allerdings sind dann die (fortgeführten) Anschaffungskosten anzusetzen, wenn es sich um Kapitalvermögen (Aktienanteile, Forderungen, ETF-Anteile etc.) oder sofern das Wirtschaftsgut innerhalb von drei Jahren vor der Einlage angeschafft wurde.

Eine Immobilie, die 20 Jahre nach Anschaffung in das Betriebsvermögen übergeht wird also mit dem Teilwert angesetzt. Wird diese allerdings innerhalb von drei Jahren seit der Anschaffung eingelegt, dann erfolgt die Einlage mit den fortgeführten Anschaffungskosten.

„Entnahmen sind alle Wirtschaftsgüter (Barentnahmen, Waren, Erzeugnisse, Nutzungen und Leistungen), die der Steuerpflichtige dem Betrieb für sich, für seinen Haushalt oder für einen anderen betriebsfremden Zweck im Laufe des Wirtschaftsjahres ent-

---

[16] § 6 Abs. 1 Nr. 5 EStG.

nommen hat."[17] Kurz alles was die Sphäre dieses Betriebs verlässt gilt als Entnahme. Auch die Verlagerung von Leistungen oder Waren zwischen zwei eigenen Betrieb ist eine Entnahme (und gleichzeitige Einlage). Der Dachdeckermeister, welcher Dachziegel aus seinem Lagerbestand entnimmt, um damit das Dach seiner Pension zu decken tätigt damit eine Warenentnahme. Wir dfür diesen Zweck ein betrieblicher Kran verwendet, liegt insoweit die Entnahme einer Leistung vor (Verwendung betrieblicher Wirtschaftsgüter für Zwecke außerhalb des Betriebes).

Systematisch betrachtet hat jeder Unternehmer schon mindestens zwei Sphären oder steuerliche „Persönlichkeiten". Einen betrieblichen/unternehmerischen und einen privaten. Bei dem o.g. Dachdeckermeister (1. Sphäre Gewerbe Dachdecker) mit gewerblicher Vermietung (2. Sphäre) und dem privaten Bereich (3. Sphäre) gibt es bereits noch mehr. Diese klare Trennung der verschiedenen Bereiche bringt steuerlich einige Risiken mit sich, allerdings bieten diese auch viele Gestaltungsmöglichkeiten).

Bewertet werden Entnahmen grundsätzlich mit dem Teilwert (wie Einlagen).[18] Insbesondere für die private Nutzung eines betrieblichen Kfz gibt es hierzu noch eine Reihe von Sondervorschriften (1%-Regelung etc.)

---

[17] § 4 Abs. 1 Satz 2 EStG.
[18] § 6 Abs. 1 Nr. 4 Satz 1 1. HS EStG.

auf die in diesem Buch allerdings nicht weiter eingegangen wird.

Neben dem Verlassen / Eintreten in die betriebliche
Sphäre spielt auch die deutsche Steuerpflicht eine
wichtige Rolle. Wird ein Wirtschaftsgut z.b. eine Ma-
schine von einem deutschen Betrieb in einen Betrieb
in Polen verlagert, unterliegt diese nicht der deutschen Steuerpflicht und steht daher eine Entnahme
gleich. Umgekehrt gilt ein Wirtschaftsgut, welches
der deutschen Besteuerung unterworfen wird als
eingelegt.[19]

Ein wenig anders ist die rechtliche Beurteilung bei
Gesellschaften, die der Körperschaftsteuer unterliegen wie z.b. Kapitalgesellschaften. Diese sind eine
eigene juristische Person und haben keinen privaten
Bereich. Da es jedoch dennoch vorkommen kann,
dass Vermögen in diese Gesellschaften außerhalb der
üblichen Wege (z.b. Stammeinlage, Einlage in die
Kapitalrücklage) eingebracht bzw. entzogen (z.b. un-
gerechtfertigt überhöhte Zahlungen für Leistungen)
wird, gibt es für diese Zwecke die verdeckten Gewinnausschüttungen[20] bzw. die verdeckten Einlagen[21].

„Eine verdeckte Gewinnausschüttung ist eine Vermö-
gensminderung oder eine verhinderte Vermögens-

---

[19] § 4 Abs. 1 Satz 3,4 u. 9 EStG.
[20] § 8 Abs. 3 Satz 2 KStG.
[21] § 8 Abs. 3 Satz 3 KstG.

mehrung, die durch das Gesellschaftsverhältnis veranlasst ist, sich auf die Höhe des Unterschiedsbetrags i.S.d. § 4 Abs. 1 Satz 1 EStG auswirkt und nicht auf einen gesellschaftsrechtlichen Gewinnverteilungsbeschluss beruht."[22]

Hierzu wird sich für steuerliche Zwecke der Fiktion eines ordentlichen und gewissenhaften Geschäftsführers bedient. Dies bedeutet, dass jeder Vorgang, den ein fremder Geschäftsführer, welcher nicht gleichzeitig Gesellschafter ist, so nicht hingenommen hätte bzw. welchem ein Gesellschafter gegenüber einem fremden Geschäftsführer nicht zugestimmt hätte. Hierunter fallen ein unangemessen hohes Gehalt, überhöhte Zinszahlungen für Darlehen, ein zu niedriger Verkaufspreis bei der Veräußerung einer Immobilie etc.

Die Rechtsprechung hat sich in den letzten Jahrzehnten mit einer Vielzahl von Fallgestalten beschäftigt und viele diese Varianten sind in den Körperschaftsteuer-Hinweisen genannt (KStH). Zum weiteren Verständnis sind an dieser Stelle allerdings keine weiteren Details erforderlich.

Im Gegensatz zur verdeckten Gewinnausschüttung steht die verdeckte Einlage. Diese liegt per Definition dann vor, „wenn ein Gesellschafter oder eine ihm nahestehende Person der Körperschaft außerhalb der gesellschaftsrechtlichen Einlagen einen einlagefähi-

---

[22] R 8.5. Abs. 1 Satz 1 KStR.

gen Vermögensvorteil zuwendet und diese Zuwendung durch das Gesellschaftsverhältnis begründet ist."[23]

Auch in diesem Fall wird sich dem Konstrukt einen ordentlichen und gewissenhaften – in diesem Fall – Kaufmanns bedient. Wenn dieser den Vorteil nicht zugewendet hätte, wird eine Begründung durch das Gesellschaftsverhältnis gesehen. Eine verdeckte Einlage kann z.b. vorliegen, wenn eine Immobilie unter Wert an die eigene GmbH verkauft wird.

Allerdings stellt die unentgeltliche Erbringung von Dienstleistungen (Geschäftsführung ohne Gehalt) oder zinslose Überlassung von Kapital keine verdeckte Einlage dar. Hierbei fällt es an dem einlagefähigen Vermögensvorteil (Wirtschaftsgut). Wird allerdings für eine Dienstleistung erst eine angemessene Vergütung vereinbart und nach Erbringung der Dienstleitung auf diese Vergütung verzichtet, so stellt der Verzicht eine verdeckte Einlage dar.

Genau wie Entnahmen / Einlagen sollen auch verdeckte Gewinnausschüttungen / verdeckte Einlagen keine Auswirkungen auf den steuerlichen Gewinn haben. Um dies zu gewährleisten wurde die Fiktions- und Verwendungstheorie entwickelt. Hierbei wird der Vorgang steuerlich so gestellt, wie er ohne verdeckte Gewinnausschüttung / verdeckte Einlage gewesen wäre.

---

[23] R 8.9 Abs. 1 Satz KStR.

Dies bedeutet beispielsweise bei eine Geschäftsführerrervergütung von 100 T€ von der lediglich 60 T€ angemessen gewesen wären, lediglich 60 T€ auf Ebene der Körperschaft als Betriebsausgabe gelten. Die Übrigen 40 T€ gelten als Gewinnverwendung, d.h. Gewinnausschüttung inkl. Verpflichtung zur Abführung der Kapitalertragsteuer. Für den Geschäftsführer gelten lediglich die 60 T€ als Einkünfte aus der Geschäftsführungstätigkeit (i.d.R. Einkünfte aus nichtselbstständiger Arbeit) und die anderen 40 T€ als Einkünfte aus Kapitalvermögen.

Im Falle einer verdeckten Einlage z.B. Erwerb einen Pkw für 10 T€ statt angemessenen 50 T€, wird die Gesellschaft trotzdem 50 T€ aktivieren und abschreiben dürfen. Die Übrigen 40 T€ werden in die Kapitalrücklage eingelegt und erhöhen das steuerliche Einlagenkonto. Sollte der Gesellschafter den Pkw aus dem Betriebsvermögen veräußert haben, d.h. zu versteuern, gilt für diesen bei der Besteuerung ein fiktiver Veräußerungspreis von 50 T€ und die Erhöhung seiner Anschaffungskosten an der Beteiligung in Höhe von 40 T€ ist zu berücksichtigen.

Die Vorgänge werden also so gestellt, wie dies auch unter fremden Dritten gewesen wäre (angemessene Vergütung bzw. angemessener Verkaufspreis) und im Übrigen die darüberhinausgehenden Beträge als Gewinnausschüttungen bzw. gesellschaftsrechtliche Einlagen (in die Kapitalrücklage) behandelt.

3.2. Überschusseinkünfte

3.2.1. Einordnung

Neben den Gewinneinkünften sind die sogenannten Überschusseinkünfte die zweite große Klasse von Einkünften. Hierunter fallen laut Gesetz alle anderen Einkunftsarten, d.h. solche Einkünfte aus nichtselbstständiger Arbeit, aus Kapitalvermögen, aus Vermietung und Verpachtung und der große Bereich der sonstigen Einkünfte wie z.B. Renten und private Veräußerungsgeschäfte.

Die Bezeichnung resultiert aus der Berechnung der Einkünfte als Überschuss der Einnahmen über die Werbungskosten.[24]

Entscheidend ist, dass bei jeder diese Einkunftsarten mindestens eine Voraussetzung der Gewinneinkünfte nicht vorliegt. Im Fall der Einkünfte aus Vermietung und Verpachtung wird die Grenze der bloßen Vermögensverwaltung nicht überschritten. Jedenfalls solange nicht weitere Schwerpunkte hinzutreten (siehe Kapitel 4.3. bzw. 8)

---

[24] § 2 Abs. 2 Satz 1 Nr. 2 EStG.

3.2.2. Einnahmen

Gemäß der Definition des Gesetzes sind Einnahmen alles was in Geld oder Geldeswert (Waren und sonstige Güter, Dienstleistungen) im Rahmen einer Einkunftsart zufließt.[25]
Hierzu gehören vorrangig die Kaltmiete sowie die erhaltenen Betriebskostenvorauszahlungen, jedoch auch Betriebskostennachzahlen und unter Umständen Schadensersatzzahlungen für z.B. entgangene Miete.

Sollte die Gegenleistung einmal nicht in Geld bestehen, ist diese nach den „um übliche Preisnachlässe geminderten üblichen Endpreisen am Abgabeort" zu bewerten.[26] Dies bedeutet nichts anderes als der Preis, den man dafür auch im Laden bzw. beim Händler (in der gleichen Region) dafür bezahlen würde. Im Ergebnis meint dies, dass es wertmäßig für die Berechnung der Steuer egal ist, ob als Gegenleistung Geld oder eine Ware bzw. Dienstleistung hingegeben wird.

Eine Einnahme gilt in dem Kalenderjahr bezogen, in dem diese tatsächliche zufließt,[27] d.h. sobald diese auf dem Bankkonto eingeht bzw. übergeben wurde.

---

[25] § 8 Abs. 1 EStG.
[26] § 8 Abs. 2 Satz 1 EStG.
[27] § 11 Abs. 1 Satz 1 EStG.

Entsprechend muss diese in dem Kalenderjahr des Zuflusses auch der Einkommensteuer unterworfen werden.

Von diesem Grundsatz ausgenommen sind Zahlungen, die regelmäßig (i.d.R. mehrmals im Jahr) zufließen und die innerhalb kurzer Zeit (normalerweise bis zum 10. Januar des Jahres) gezahlt werden, das dem Jahr, in das diese Einnahmen wirtschaftlich gehören nachfolgt.[28] Zu solchen regelmäßig wiederkehrenden Zahlungen gehört insbesondere die Miete. Erfolgt beispielsweise die Zahlung der Miete für Dezember 2020 am 5. Januar 2021, so ist diese noch im Jahr 2020 zu versteuern. Wird diese Miete jedoch erst am 11. Januar gezahlt, so ist diese im Jahr 2021 zu versteuern. Wird die Mietzahlung für Januar 2020 am 3. Januar 2020 gezahlt, so fällt diese weiterhin in das Jahr 2020 (nicht 2019), weil es auch diesem Jahr wirtschaftlich zuzurechnen ist.

Eine weitere Ausnahme vom Grundsatz ist ein Wahlrecht d.h. dieses kann oder kann auch nicht in Anspruch genommen werden. Wenn Einnahmen für eine Nutzungsüberlassung von mehr als fünf Jahren (z.B. Pachtvorauszahlung für zehn Jahre) geleistet werden, so kann der Zufluss (und damit die Versteuerung) auch auf diesen Zeitraum aufgeteilt werden.[29]

---

[28] § 11 Abs. 1 Satz 2 EStG i. V. m. H 11 „Allgemeines – Kurze Zeit" EStH; BFH-Urteil vom 24. Juli 1986.
[29] § 11 Abs. 1 Satz 3 EStG i. V. m. § 11 Abs. 2 Satz 3 EStG.

Dies gilt jedoch nur für Einnahmen, die in der Zukunft liegen. Wird z.B. die Miete für vier Jahre nachgezahlt, so fließt diese in dem Jahr der Nachzahlung zu. Andererseits bedeutet dies auch, dass in den vorangegangenen Jahren Mangels Zufluss diese Miete auch nicht als Einnahme zu versteuern war.

Es kommt entsprechend nicht auf die Fälligkeit einer Leistung an, sondern auf den tatsächlichen Zufluss.
Auch hier gibt es wie üblich im deutschen Steuerrecht einige Ausnahmen z.B. im Bereich der Gesellschafter-Geschäftsführer (Verzicht auf Pachtzahlung gegenüber der Gesellschaft), bei denen es auf das „darüber Verfügungen können" ankommt.

3.2.3. Werbungskosten

Alle Aufwendungen, die erbracht werden zum Erwerb, zur Sicherung und zur Erhaltung von Einnahmen von dazugehörigen Einnahmen werden steuerlich unter den Begriff der Werbungskosten gefasst (analog den Betriebsausgaben).[30]

Der § 9 des EStG enthält neben der Klarstellung, dass auch Zinsen und öffentliche Abgaben zu den Werbungskosten (Grundsteuern) gehören, genauere Vorschriften zu Fahrtkosten, Reisekosten usw. im Nachgang näher eingegangen wird.

Die Werbungskosten werden von den Einnahmen abgezogen zu deren Einkunftsart sie zählen. Dies bedeutet die Zinsen zur Finanzierung einer vermieteten Immobilie bei den Einkünften aus Vermietung und Verpachtung, und zwar genau bezogen auf diese Immobilie abzuziehen sind. Sofern einzelne Aufwendungen nicht eindeutig einer Einkunftsart zuzurechnen sind (z.B. für ein Arbeitszimmer, von dem aus neben der nichtselbstständigen Tätigkeit auch das Kapitalvermögen und die Mietobjekte verwaltet werden) ist eine Aufteilung vorzunehmen. Als Aufteilungsmaßstab kommt jeder sinnvolle und nachvollziehbare Maßstab in Betracht. Beim Beispiel des Arbeitszimmers wäre z.B. eine Aufteilung nach tatsächlichem Zeitaufwand möglich.

---

[30] § 9 Abs. 1 Satz 1 EStG.

Keine Aufwendungen im Sinne des Gesetzes ist z.B. die Tilgung von Krediten, da es sich hierbei lediglich um private Vermögensumschichtungen handelt.

Keine Werbungskosten sind z.b. die sogenannten allgemeinen Lebenserhaltungskosten[31] (eigene Verpflegung, Aufwendungen für den eigenen Haushalt) – sofern nicht Sondervorschriften wie z.b. bei Reisekosten greifen – oder z.b. jegliche Geldzahlungen mit Strafcharakter[32] (Bußgeld für zu schnelles Fahren, Ordnungsgelder, Strafzahlungen für bauen ohne Baugenehmigung etc.) selbst wenn diese mit steuerpflichtigen Einnahmen im Zusammenhang stehen.

Der zeitliche Abzug von Aufwendungen ist analog dem Zufluss von Einnahmen geregelt. Dies bedeutet, dass die Werbungskosten dann zu berücksichtigen sind, wenn die tatsächlich gezahlt werden. Lediglich Aufwendungen, die für mehr als 5 Jahre im Voraus gezahlt werden (z.B. Zehn-Jahrespacht für ein landwirtschaftliches Grundstück, das im Anschluss zu einem höheren Betrag weiterverpachtet wird) sind auf den entsprechenden Zeitraum aufzuteilen.[33]

Im Gesetz ist bereits eine Aufzählung von Werbungskosten genannt. An dieser Stelle werden die im Gesetz genannten Nummer zusammengefasst aufgeführt. Zum besseren Verständnis werden die Wer-

---

[31] § 12 Nr. 1 EStG.
[32] § 12 Nr. 4 EStG.
[33] § 11 Abs. 2 EStG.

bungskosten weglassen, die tatsächlich nur Arbeitnehmer betreffen. Sofern im Übrigen im Gesetz von Arbeitnehmern gesprochen wird, dient dies nur der leichteren Lesbarkeit, gilt jedoch auch für andere Einkunftsarten:

1. Schuldzinsen, dauernde Lasten und Rentenschulden (jeweils nur der Ertrags- bzw. Zinsanteil) wie Hypothekenzinsen zu vermieteten Immobilien.

2. Steuern vom Grundbesitz, sonstige öffentliche Abgaben und Versicherungsbeiträge, die sich auf Gegenstände und Grundstücke beziehen, die der Einnahmenerzielung dienen wie Grundsteuern und Gebäudeversicherungen.

3. Beiträge zu Berufsständen und sonstigen Berufsverbänden, aber auch Interessenverbänden für z.B. Grundstücksbesitzer / Vermieter.

4a. Sofern Fahrten durch die Einnahmenerzielung veranlasst sind diese Fahrten als Werbungskosten zur berücksichtigen sein. Hierfür sind grundsätzlich die tatsächlich entstandenen Kosten anzusetzen (Bahntickets, tatsächliche Kfz-Kosten). Allerdings gibt es auch hier die Möglichkeit pauschale Kosten pro gefahrenen Kilometer (Hin- und Rückfahrt) anzusetzen. Die jeweils aktuellen Pauschalen ergeben sich aus dem Bundesreisekostengesetz und sind z.B. für Pkw 0,30 € pro Kilometer und für Motorrad 0,20 € pro Kilometer.[34] Dies gilt z.b. für Fahrten zum Gericht bei Streitigkeiten mit Mietern oder Fahrten zu Immobilien zur Übergabe der Schlüssel an neue Mieter. Vorsicht ist allerdings geboten für Fahrten zu Besichtigungen Zwecks Erwerb – diese gehören ggf. zu den Anschaffungskosten des Objektes (siehe Kapitel 3.3.)

5a. Bei der im vorhergehenden Punkt genannten Reisetätigkeit sind die Übernachtungskosten ebenfalls steuerlich abziehbar.[35]

Außerdem können bei längeren Reisen insbesondere bei solchen mit Übernachtungen pauschale Aufwendungen für Verpflegungsmehraufwand zu berücksichtigen sein. Bei einer Abwesenheit von mehr als acht Stunden vom Wohnort (und von der 1. Tätigkeitsstätte / Betriebsstätte) oder für An- und Abreisetage sind 14 € pro Tag anzusetzen. Bei Abwesenheit über den gesamten Tag sind 28 € steuerlich abzugsfähig.

6. Aufwendungen für Arbeitsmittel und typische Berufsbekleidung also z.B. Laptop oder z.B. Arbeitsschutz für Renovierungsarbeiten, wobei jedoch die nachfolgende Nummer 7 vorrangig zu berücksichtigen ist (Abschreibungen)[36]

---

[34]§ 9 Abs. 1 Satz 3 Nr. 4a EStG.
[35]§ 9 Abs. 1 Satz 3 Nr. 5a EStG.
[36] § 9 Abs. 1 Satz 3 EStG.

7. Absetzung für Abnutzung (Abschreibungen) [37]unter Berücksichtigung der Grenzen für geringwertige Wirtschaftsgüter (GwG). Weitere Details zum Thema Anschaffungs- und Herstellungskosten und Abschreibungen werde im Kapitel 3.3. behandelt, Sonderabschreibungen im Kapitel 9 und geringwertige Wirtschaftsgüter als Gestaltungsvariante im Kapitel 10.

Es handelt sich hierbei um eine nicht abschließende Aufzählung. Dies bedeutet, dass auch hier nicht ausdrücklich genannte Aufwendungen Werbungskosten darstellen können.

---

[37] § 9 Abs. 1 Satz 3 Nr. 7 EStG.

3.3. Anschaffungs- bzw. Herstellungskosten und Abschreibungen

Unabhängig davon ob es sich um Überschusseinkünfte[38] oder Gewinneinkünfte[39] handelt, sind die Vorschriften über die Absetzung für Abnutzung des § 7 EStG zu befolgen.

Die Anschaffungskosten oder Herstellungskosten für Wirtschaftsgüter, deren Nutzung sich erfahrungsgemäß auf mehr als ein Jahr erstreckt, sind über die betriebsgewöhnliche Nutzungsdauer verteilt abzuschreiben d.h. steuermindernd gelten zu machen.[40] Hierunter fallen ganz klar Gebäude, Kfz, Computer, Photovoltaikanlagen usw. Die betriebsgewöhnliche Nutzungsdauer ist theoretisch sehr individuell, allerdings wird in der Praxis auf die amtlichen AfA-Tabellen zurückgegriffen um eine grundsätzlich einheitliche Behandlung sicherzustellen und Anhaltspunkte z.B. bei erstmalig angeschafften Wirtschaftsgütern zu haben. So werden beispielsweise Pkw über sechs Jahre und Computer über drei Jahre abgeschrieben.

Auf die besonderen Abschreibungen im Zusammenhang mit Gebäuden wird im Kapitel 9 näher eingegangen und die Möglichkeit der Steuergestaltung

---

[38] §9 Abs. 1 Satz 3 Nr. 7 EStG.
[39] § 6 Abs. 1 Nr. 1 Satz 1 EStG bzw. § 4 Abs. 3 Satz 3 EStG.
[40] § 7 Abs.1 Satz 1 und Satz 2 EStG.

durch geringwertige Wirtschaftsgüter wird im Kapitel 10 erläutert.

Zu klären sind an dieser Stelle allerdings noch die Begriffe der Anschaffungs- bzw. Herstellungskosten. Die Definition ergibt sich nicht direkt aus den Steuergesetzen, sondern ist dem Handelsgesetzbuch zu entnehmen.

„Anschaffungskosten sind die Aufwendungen, die geleistet werden, um einen Vermögensgegenstand zu erwerben und ihn in einen betriebsbereiten Zustand zu versetzen", unter Berücksichtigung von Anschaffungsnebenkosten, nachträglichen Anschaffungskosten und Preisminderungen".[41]

Insofern sind Anschaffungskosten also der klassische tatsächlich bezahlte Kaufpreis für den Erwerb eines Wirtschaftsgutes. Anschaffungsnebenkosten sind z.B. Notarkosten und Grunderwerbsteuer bei der Anschaffung eines Grundstücks oder die Versandkosten bei der Bestellung eines Druckers. Nachträgliche Anschaffungskosten liegen vor, wenn ein Wirtschaftsgut untrennbar erweitert wird z.B. Kauf und Einbau eines Bordcomputers in einen Pkw. Zinsen und beispielsweise die Kosten für die Eintragung einer Grundschuld gehören als Finanzierungskosten nicht zu den Anschaffungskosten. Betriebsbereit ist ein Gebäude bereits dann, wenn es theoretisch vermietbar ist, auch wenn dann noch z.B. Fußböden ausgetauscht

---

[41] § 255 Abs. 1 HGB.

werden oder ein Bad neu gefliest wird (sofort abziehbare Erhaltungsaufwendungen, sofern keine anschaffungsnahen Herstellungskosten vorliegen).

„Herstellungskosten sind die Aufwendungen, die durch den Verbrauch von Gütern und die Inanspruchnahme von Diensten für die Herstellung eines Vermögensgegenstands, seine Erweiterung oder für eine über seinen ursprünglichen Zustand hinausgehende wesentliche Verbesserung entstehen."[42]

Im Weiteren wird im Gesetz näher definiert welche Arten von direkten und indirekten Kosten zu den Herstellungskosten gehören. Bei dem Bau eines Gebäudes fallen beispielsweise die Materialkosten, Kosten für Dienstleistungen (Handwerker), aber auch eigene Personalkosten darunter, sodass diese zu aktivieren und nur über den entsprechenden Abschreibungszeitraum verteilt berücksichtigt werden können. Nicht darunter fallen allerdings Zinsen zur Finanzierung der Herstellungskosten.

Die Kosten für die allgemeine Verwaltung, freiwillige soziale Leistungen und für die betriebliche Altersversorgung dürfen in die Herstellungskosten einbezogen werden.[43] Es handelt sich also um ein allgemeines Wahlrecht. Dieses kann hilfreich sein anzuwenden, sofern ein hoher Ausweis von Aktivvermögen (Opti-

---

[42] § 255 Abs. 2 Satz 1 HGB.
[43] § 255 Abs. 2 Satz 3 HGB bzw. § 6 Abs. 1 Nr. 1b Satz 1 EStG.

mierung des Bilanzbildes) wichtig ist, da diese Kosten ansonsten direkt Aufwand darstellen würden. Allerdings darf dieses Wahlrecht in der Steuerbilanz nicht abweichend von der Handelsbilanz ausgewiesen werden.[44] Es sollte also vorher geprüft werden, welches der Ziele Vorrang hat. Unter Beachtung der Bilanzierungsgrundsätze ist ein einmal ausgeübtes Wahlrecht im Kalenderjahr einheitlich auszuüben und auch in Folgejahren beizubehalten, sofern keine erheblichen Gründe für eine Änderung sprechen. Ein mehrmaliger Wechsel innerhalb weniger Jahre ist in der Regel handelsrechtlich bedenklich.

Eine Erweiterung kann sich bei Gebäuden z.B. durch den Ausbau eines Dachbodens ergeben.

Eine wesentliche Verbesserung ist schwieriger zu definieren. Aus den Anlagen zum Bewertungsgesetz ergibt sich eine Reihe von Punkten, die bei Zusammentreffen eine wesentliche Erweiterung darstellen können (Einbau eines modernen Heizsystems, Elektrik, Verbesserung Dach, Qualität der Fußböden, mehrfach verglaste Fenster usw.). Es muss dazu allerdings in einer Vielzahl von Punkten eine Steigerung eintreten, damit eine wirklich wesentliche Verbesserung eines Wirtschaftsgutes vorliegt.

Für Gebäude gibt es in den Steuergesetzen allerdings noch eine weitere Sondervorschrift, die Immobilieninvestoren bei ihrer Planung unbedingt beachten

---

[44] § 6 Abs. 1 Nr. 1b Satz 2 EStG.

sollten. Die sogenannten „anschaffungsnahen Herstellungskosten" gehören zu den abzuschreibenden Herstellungskosten eines Gebäudes und liegen vor, wenn innerhalb von drei Jahren nach Anschaffung eines Gebäudes Instandsetzungen und Modernisierungen vorgenommen werden (normalerweise sofort abziehbare Erhaltungsaufwendungen, sofern keine wesentliche Verbesserung oder Erweiterung vorliegt) und die Aufwendungen dafür 15% der Anschaffungskosten des Gebäudes übersteigen.[45]

Wer also ein Bruchbude günstig kauft und schnell saniert riskiert, dass alle dafür erforderlichen Kosten nicht sofort abziehbar sind, sondern nur über die Nutzungsdauer verteilt zu berücksichtigen sind. Es kann sich daher – sofern die Möglichkeit besteht – durchaus anbieten entsprechende Maßnahmen zeitlich zu strecken, um aus den Steuerersparnissen durch sofort abziehbare Kosten letztlich die weiteren Investitionen zu finanzieren.

Soweit die für die Anschaffung oder Herstellung aufgewendeten Vorsteuerbeträge im Rahmen der Umsatzsteuer abziehbar sind, gehören diese nicht zu den Anschaffungs- bzw. Herstellungskosten.[46]

---

[45] § 6 Abs. 1 Nr. 1a Satz 1 EStG.
[46] § 9b Abs. 1 EStG,

3.4. Verhältnis der Steuerarten zueinander

Bei insgesamt sieben Einkunftsarten ergibt sich unter bestimmten Umständen die Frage welche Zuordnung Vorrang hat.

Aus der Logik des Gesetzes lassen sich verschiedene Abstufungen herleiten.

Selbstständige Arbeit und Landwirtschaft gehen in der Zuordnung den Einkünften aus Gewerbebetrieb vor.[47]

Innerhalb der Einkünfte aus Gewerbebetrieb geht die Zuordnung zu einer Personengesellschaft als lex specialis vor.[48]

Einkünfte aus nichtselbständiger Arbeit sind in bestimmten Sonderfällen (Geschäftsführung einer Komplementär-GmbH bei gleichzeitiger Beteiligung an einer GmbH & Co.KG für welche die GmbH die Geschäftsführung übernimmt) nachrangig, d.h. Zuordnung zu den Einkünften aus Gewerbebetrieb. Ansonsten schließt eine nicht selbstständige Tätigkeit eine selbstständige, d.h. die Gewinneinkünfte aus.

---

[47] § 15 Abs. 2 Satz 1 2. HS EStG.
[48] § 15 Abs. 1 Satz 1 Nr. 2 EStG.

Alle weiteren Einkünfte (Vermietung und Verpachtung, Kapitalvermögen und sonstige Einkünfte) sind gegenüber den ersten vier Einkunftsarten nachrangig. Lediglich die Einkünfte aus Kapitalvermögen werden neben den Gewinneinkünften aus den Einkünften aus Vermietung und Verpachtung untergeordnet.[49] Dies kann beispielsweise die Zinsen auf einen Bausparvertrag betreffen, der im Rahmen einer bereits laufenden Immobilienfinanzierung zur späteren Tilgung dienen soll.

Das Verständnis dieser Logik ist erforderlich, um im Zweifel eine zutreffende Zuordnung von Einnahmen und Ausgaben vornehmen zu können.

---

[49] § 20 Abs. 8 Satz 1 EStG.

4. Eigene Immobilien

4.1. Das selbst genutzte Wohnhaus bzw. die selbst genutzte Eigentumswohnung

Grundsätzlich sind Aufwendungen für die private Lebensführung wozu auch die Privatwohnung / Privathaus dazuzählen steuerlich nicht abzugsfähig. Allerdings gibt es hiervon einige Ausnahmen durch spezielle Regelungen (Handwerkerleistungen, Sonderabschreibungen, häusliches Arbeitszimmer).[50]

Auf den Bereich der Sonderabschreibungen wird im Kapitel 9 eingegangen.

Eine der Möglichkeiten die Kosten Wohnungskosten teilweise zu berücksichtigen, ergibt sich aus dem § 35a Abs. 2 EStG. Handwerkerleistungen (nur Lohnanteil) können bis zu 20% und maximal 1.200 € direkt von der Steuer abgesetzt werden. Dies gilt nur für Erhaltungs- und Modernisierungsaufwendungen. Jedoch noch nicht für die Kosten von Ausbau- oder Neubaumaßnahmen. Die Küchenrenovierung, Modernisierung der Elektroinstallation oder das Neuverputzen der Außenfassade kann also steuerlich berücksichtigt werden.

---

[50] § 12 Nr. 1 EStG.

Aufgrund der Höchstbeträge kann es sinnvoll sein die Maßnahmen bzw. deren Bezahlung zeitlich im Voraus zu planen, um die Steuerermäßigung möglichst voll auszuschöpfen. Das heißt, wenn möglich bei mehr als 6.000 € Kosten im Jahr versuchen diese zu verteilen.

Eine andere Möglichkeit besteht in der Berücksichtigung eines häuslichen Arbeitszimmers (siehe Kapitel 10.4).

4.2. Die vermiete Privatimmobilie

Die Vermietung bzw. Verpachtung von Wohnimmobilien (z.B. Wohnungen, Einfamilienhäuser), unbebaute Grundstücke (z.B. Ackerflächen) und Gewerbeimmobilien (z.B. Büros, Lagerhallen) durch eine natürliche Person ist der klassische Fall der Einkünfte aus Vermietung und Verpachtung.[51] Diese Immobilien stehen im Privatvermögen des Vermieters bzw. des Verpächters und sind grundsätzlich gleich zu behandeln unabhängig davon, wie der Mieter bzw. der Pächter diese nutzt und ob die Miet- bzw. Pachtzahlungen bei diesem eine Betriebsausgabe darstellen.

Da es sich hierbei um Einkünfte aus dem Bereich der Überschusseinkünfte handelt, gilt für die Einnahmen und Ausgaben (Werbungskosten) das Zufluss-/Abfluss-Prinzip[52] (siehe auch 3.2).

Viele Gestaltungsmöglichkeiten, die man im Rahmen der Bilanzierung hat sind damit ausgeschlossen.

Allerdings ergeben sich daraus bei einer Veräußerung der Immobilie ggf. Vorteile daraus, dass sich diese im Privatvermögen befindet (siehe Kapital 8).

---

[51] § 21. Abs. 1 Nr. 1 EStG.
[52] §§ 8, 9, 11 EStG.

Es handelt sich so lange um eine private Vermietung, solange die Grenzen der bloßen Vermögensverwaltung nicht überschritten sind (siehe 4.3.). Lediglich aufgrund einer Vielzahl von vermieteten Immobilien ergibt sich daraus noch keine gewerbliche Vermietung.

4.3. Gewerbliche Vermietung

„Eine selbstständige nachhaltige Betätigung, die mit der Absicht, Gewinn zu erzielen, unternommen wird und sich als Beteiligung am allgemeinen wirtschaftlichen Verkehr darstellt ist [ein] Gewerbebetrieb"[53]. Hierunter fällt dem Wortlaut nach auch die gewöhnliche Vermietung von Wohnimmobilien, allerdings gibt es noch das allgemein anerkannte Tatbestandsmerkmal, dass die Zwecke der bloßen Vermögensverwaltung überschritten sein müssen. Bei Demjenigen, der nur einmal alle paar Jahre einen neuen Mietvertrag mit seinem Mieter abschließt ist dies Offenkundig nicht der Fall. Soweit ein Hotel betrieben wird, d.h. tageweise Anmietung und weitere Dienstleistungen (Frühstück, Reinigung) angeboten werden, dann ist diese Grenze regelmäßig klar überschritten.

Wird die Grenze der Vermögensverwaltung überschritten, dann handelt es sich bei den darauf erzielten Einkünften nicht mehr um solche aus Vermietung und Verpachtung, sondern um solche aus Gewerbebetrieb. Das heißt es ist eine Gewinneinkunftsart und abhängig von der Größenordnung gegebenenfalls mit Bilanzierungspflicht. Außerdem unterliegen der Einkünfte auch der Gewerbesteuer.

Beispielsweise bei der Vermietung über airbnb oder ähnliche Portale kann diese Grenze überschritten

---

[53] § 15 Abs. 2 Satz 1 EStG.

sein. Dies gilt dann nicht, wenn beispielsweise eine kleine Einliegerwohnung im eigenen Haus dauerhaft vermietet wird oder mal die eigene Wohnung, während man im Urlaub ist.

Wird allerdings z.B. ein Mehrfamilienhaus mit acht oder mehr Wohnungen dauerhaft nur über kurzfristige Vermietungen zur Verfügung gestellt, dann ist der dafür erforderliche Aufwand (Schlüsselübergaben, Reinigungen, ständig neue Mietverträge etc.) schon mehr als eine bloße Vermögensverwaltung.

Die Anmietung und Untervermietung als solche überschreitet auch noch nicht die Grenzen. Wird allerdings eine Mehrzahl von Wohnungen angemietet und zur kurzfristigen Überlassung zur Verfügung gestellt, dann kann diese Grenze wieder überschritten sein.

Der wohl größte Nachteil bei der gewerblichen Vermietung ist weniger, dass die Einkünfte der Gewerbesteuer unterliegen. Aufgrund der Anrechnung der Gewerbesteuer auf die Einkommensteuer ergibt sich lediglich bei einem Hebesatz von mehr 380% ein Steuernachteil und auch dieser liegt bei wenigen Prozent.

Eigene Immobilien, die gewerblich vermietet werden stellen steuerverstricktes Betriebsvermögen dar. Das bedeutet eine Entnahme in das Privatvermögen bzw. ein Verkauf unterliegen grundsätzlich der Besteuerung (siehe 8.2).

Es ist noch einmal zu betonen, dass es nicht auf die Art der vermieteten Immobilien ankommt. Also auch die Vermietung einer Lagerhalle ist keine gewerbliche Vermietung nur weil der Mieter diese für seinen Gewerbebetrieb nutzt.

Auf die Besonderheit der Betriebsaufspaltung (Vermietung an eine eigene GmbH) wird im Kapitel 10 als Sonderfall eingegangen.

5. Immobilien GbR

Schließen sich zwei oder mehr Personen zur Verfolgung eines gemeinschaftlichen Zwecks zusammen so bilden diese eine Gesellschaft bürgerlichen Rechts (GbR) i.S.d. §§ 705ff BGB – jedenfalls solange nicht weitere Themen wie z.B. das Betreiben eines Handelsgewerbes hinzutreten.

Eine GbR ist aus rein steuerlicher Sicht gesehen durchlässig, d.h. es werden die Wirtschaftsgüter der GbR betrachtet und die Einkünfte daraus werden den jeweiligen Gesellschaftern zugerechnet, die diese dann im Rahmen Ihrer Einkommensteuer- bzw. Körperschaftsteuererklärung zu berücksichtigen haben.[54]

Lediglich für Zwecke der Gewerbesteuer und der Umsatzsteuer ist die GbR Steuerschuldner, sofern überhaupt eine gewerbliche bzw. umsatzsteuerpflichtige Tätigkeit ausgeübt wird.[55]

Die Einkünfte werden auf Ebene der GbR erst einmal beurteilt wie bei einer natürlichen Person, d.h. Einordung zu den Gewinn- oder Überschusseinkünften. Die GbR kann keine Einkünfte aus nichtselbstständiger Arbeit erzielen, allerdings z.B. aus Vermietung und

---

[54] §39 Abs. 2 Nr. 2 AO.
[55] § 5 Abs. 1 Satz 3 GewStG.

Verpachtung. Bis hierin gibt es demnach keine wesentliche Unterscheidung zu einer natürlichen Person.

Eine natürliche Person kann gleichzeitig Einkünfte aus Gewerbebetrieb haben (z.B. durch das Betreiben einer Photovoltaikanlage) und Einkünfte aus Vermietung und Verpachtung haben.

Übt jedoch eine GbR auch eine gewerbliche Tätigkeit aus, so werden per Definition alle Einkünfte der GbR zu solchen aus Gewerbebetrieb (gewerbliche Infizierung der Einkünfte).[56]

Dies lässt sich vermeiden z.B. durch die Gründung einer gewerblichen Schwester-GbR z.B. die AB-PV-GbR und die AB-Vermietung-GbR. Solange die Ziele der Gesellschaften unterschiedlich sind, kommt es nicht zu einer zwangsläufigen Verknüpfung und damit Infizierung der restlichen Einkünfte.

Die Gründung einer GbR kann auch unbeabsichtigt erfolgen beispielsweise, wenn Ehegatten gemeinsam ein Grundstück erwerben oder wenn Kinder Grundstücken beteiligt werden, d.h. immer dann, wenn eine Immobilie mehreren Personen gehört.

Grundsätzlich sind auch Erbengemeinschaften so zu beurteilen.

---

[56] § 15 Abs. 3 Nr. 1 EStG.

6. Immobilien GmbH & Co. KG

Mit Hilfe einer Immobilien GmbH & Co. KG kann gleichzeitig eine Personengesellschaft gegründet werden, auch wenn man eigentlich nur eine Einzelperson ist (Komplementär ist eine eigene GmbH und Kommanditist ist die natürliche Person) und so eine Haftungsbeschränkung etabliert werden. Die GmbH & Co. KG haftet grundsätzlich nur mit dem Stammkapital der Komplementärin und mit dem Haftkapital der Kommanditisten.

Bei dieser Variante hat man als Gesellschafter das Wahlrecht, ob die Einkünfte nach den im vorangegangenen Kapital genannten Maßstäben beurteilen werden oder ob grundsätzlich Einkünfte aus Gewerbebetrieb vorliegen sollen.

Übernimmt der Kommanditist (natürliche Person) die Geschäftsführung direkt, so gelten die vorgenannten Maßstäbe der privaten Einkünfte.

Übernimmt allerdings die Komplementär-GmbH (vertreten durch ihren Geschäftsführer) oder eine Nicht-Gesellschafter die Geschäftsführung, so erzielt die GmbH & Co. KG per Gesetz Einkünfte aus Gewerbebetrieb (gewerbliche Prägung).[57]

---

[57] § 15. Abs. 3 Nr. 2 EStG.

Diese Gestaltung kann für bestimmte Nachfolge- und Umstrukturierungsüberlegungen von Vorteil sein. Hierdurch lassen sich auch später leicht Immobilien aus dem Privatvermögen in das Betriebsvermögen verlagern.

Bei Personengesellschaften gilt für die Gewerbesteuer ein Freibetrag in Höhe von 24.500 € (je Personengesellschaft). Dies bedeutet, dass bis zu Einkünften in dieser Höhe keine Gewerbesteuer und damit keine mögliche Mehrbelastung anfällt.

7. vermögensverwaltende Kapitalgesellschaft

Immobilien über eine Kapitalgesellschaft wie z.B. eine GmbH zu erwerben und zu halten, bietet zwei wesentliche Vorteile.

Zum einen gibt es eine Haftungsbeschränkung in Höhe des Stammkapitals (jedenfalls sofern nicht für Darlehen persönlich gebürgt wird oder Haftungstatbestände wie z.B. die Nichterfüllung von steuerlichen oder anderen Verpflichtungen hinzutreten).

Zum anderen unterliegt eine Kapitalgesellschaft der Körperschaftsteuer, d.h. laufende Einkünfte werden lediglich mit 15% Körperschaftsteuer zzgl. Solidaritätszuschlag besteuert, d.h. 15,825%.

Normalerweise wurden die Einkünfte dann auch noch der Gewerbesteuer unterliegen. Allerdings gibt es bei sogenannten Vermögensverwaltenden Kapitalgesellschaften i.S.d. § 9 Nr. 1 Satz 2 GewStG eine Ausnahme. Soweit diese Gesellschaft ausschließlich Einkünfte aus der Vermietung bzw. Verpachtung von Immobilien und aus Kapitalvermögen erzielt bleiben die Einkünfte von der Gewerbesteuer ausgenommen.[58]

---

[58] § 9 Nr. 1 Satz 2ff GewStG.

Eine effektive laufende Besteuerung mit 15,825% lässt wesentlich mehr Kapital für weitere Investitionen übrig als eine gleichwertige Vermietung auf privater Ebene, die durch den Grenzsteuersatz schnell bei einer effektiven Besteuerung von über 40% liegen kann.

Es ist allerdings zu beachten, dass diese Gesellschaft keinerlei gewerbliche Einkünfte erzielen darf. Hierzu gehört bereits das Betreiben einer Photovoltaikanlage, wenn der Strom in das Netz eingespeist wird. Soll also der Vorteil genutzt werden ist auf eine strikte Trennung zu achten.

Auch bei der Vermietung an verbundene Unternehmen ergeben sich Einschränkungen, die durch eine sinnvolle Gestaltung allerdings ausgehebelt werden können.

8. Behandlung von Grundstücksverkäufen und gewerblicher Grundstückshandel

8.1. Grundstücksverkäufe aus dem Privatvermögen

Die Einkünfte aus dem Verkauf von Grundstücken aus dem Privatvermögen gehört zu den sonstigen Einkünften, wenn die Voraussetzungen für ein privates Veräußerungsgeschäft erfüllt sind.[59]

Ein privates Veräußerungsgeschäft liegt vor, wenn ein erworbenes Grundstück innerhalb der Spekulationsfrist von zehn Jahren wieder verkauft wird.[60] Es kommt hierbei nicht darauf an, ob tatsächliche eine Spekulationsabsicht bestanden hat, sondern einfach nur auf die Einhaltung der Frist von zehn Jahren.

Ein Verkauf außerhalb dieser zehn Jahre ist grundsätzlich steuerfrei, sofern kein gewerblicher Grundstückshandel vorliegt.

Als Anschaffungszeitpunkt bzw. Veräußerungszeitpunkt ist das obligatorische Rechtsgeschäft, d.h. der

---

[59] § 22 Nr. 2 EStG.
[60] § 23 Abs. 1 Satz 1 Nr. 1 Satz 1 EStG.

Abschluss des Kaufvertrags maßgebend.[61] Dieser Punkt ist unbedingt zu beachten um zu vermeiden, dass wenige Tage vor Ablauf der Frist vielleicht schon ein Vertrag über den Verkauf abgeschlossen wird.

Bei unentgeltlich erworbenen Grundstücken (durch Schenkung oder Erbschaft) gilt der Anschaffungszeitpunkt des Rechtsvorgängers weiter.[62]

Zu beachten ist auch, dass zwischenzeitlich errichtete Gebäude auch dazuzählen[63]. Wird also ein Grundstück erworben, dort ein Gebäude errichtet und das Grundstück innerhalb der zehn Jahre wieder veräußert so unterliegt auch der Gewinn, soweit dieser auf das Gebäude entfällt der Besteuerung.

Der Besteuerung unterliegt dabei der Veräußerungsgewinn bzw. -verlust. Dieser ermittelt sich aus dem Verkaufspreis abzüglich der Veräußerungskosten (z.B. Kosten für Werbung oder ggf. Notar- und Gerichtskosten) abzüglich der Anschaffungs- bzw. Herstellungskosten (wenn z.B. ein Gebäude errichtet wurde).[64]

Sofern Abschreibungen inkl. Sonderabschreibungen vorher als Werbungskosten berücksichtigt worden sind werden diese von den Anschaffungskosten abge-

---

[61] BFH vom 15.12.1993 – BStBl 1994 II S. 687 und vom 8.4.2014 – BStBl II S. 826.
[62] § 23 Abs. 1 Satz 3 EStG.
[63] § 23 Abs. 1 Satz 1 Nr. 1 Satz 2 EStG.
[64] §23 Abs. 3 Satz 1 EStG.

zogen.[65] Dies vor allem bei Immobilien zu beachten, die vorher vermietet worden sind oder wenn ein häusliches Arbeitszimmer steuerlich abgesetzt worden ist.

Das Gesetz sieht noch eine ganze Reihe von Sondertatbeständen vor, die nachfolgend erläutert werden und zwei Möglichkeiten, bei denen der Gewinn nicht zu versteuern ist, worauf am Ende dieses Kapitels eingegangen wird.

Sollte ein Grundstück ausnahmsweise per Vertrag bereits veräußert werden, bevor die eigentliche Anschaffung stattgefunden hat, gilt auch dies als privates Veräußerungsgeschäft, dessen Gewinn zu versteuern ist.[66]

Sofern ein Grundstück aus einem Betriebsvermögen in das Privatvermögen übernommen wird (durch Entnahme bzw. bei Betriebsaufgabe) gilt dies auch als Anschaffung, obwohl kein Rechtsträgerwechsel erfolgt.[67] Der Entnahmewert aus dem Betriebsvermögen. gilt dabei dann als Anschaffungspreis.[68] Hierdurch soll vermieden werden, dass ein niedriger Entnahmepreis angesetzt wird und innerhalb kurzer Zeit ein viel höherer Verkaufspreis am freien Markt außerhalb der Besteuerung erzielt wird.

---

[65] § 23 Abs. 3 Satz 4 EStG.
[66] § 23 Abs. 1 Satz 1 Nr. 3 EStG.
[67] § 23 Abs. 1 Satz 2 EStG.
[68] § 23 Abs. 3 Satz 3 EStG.

Der Erwerb bzw. die Veräußerung von Anteilen an der Personengesellschaft (sofern diese Anteile nicht als Betriebsvermögen zu berücksichtigen sind) gilt ebenfalls als Anschaffung bzw. Veräußerung des anteiligen Wirtschaftsgutes.[69]

In die Spekulationsfrist fällt außerdem die Einlage eines Grundstücks in ein Betriebsvermögen, wenn dieses von dort innerhalb der ursprünglichen zehn Jahre veräußert wird. [70] In diesem Fall gilt der Einlagewert als Veräußerungspreis. [71] Auch mit dieser Vorschrift soll vermieden werden, dass die Besteuerung durch Verschiebung von Vermögen, zwischen dem Betriebs- und dem Privatvermögen ausgehebelt wird.

Unter diesem Aspekt gilt auch die verdeckte Einlage in eine Kapitalgesellschaft als Veräußerung, wobei dies unter Berücksichtigung der Fiktions- und Verwendungstheorie ohnehin unstrittig ist.[72]

Zu beachten ist, dass Verluste aus privaten Veräußerungsgeschäften nicht mit anderen Einkünften verrechnet werden können., sondern nur mit Gewinnen aus privaten Veräußerungsgeschäften im Vorjahr, im

---

[69] § 23 Abs. 1 Satz 4 EStG, unter Beachtung § 39 Abs. 2 Nr. 2 AO.
[70] § 23 Abs. 1 Satz 5 Nr. 1 EStG.
[71] § 23 Abs. 3 Satz 2 EStG.
[72] § 23 Abs. 1 Satz 5 Nr. 2 EStG.

gleichen Jahr oder in Folgejahren.[73] Die Realisierung von Verlusten lohnt sich daher nur, wenn auch etwaige Gewinne entstanden sind. Allerdings kann es dadurch interessant sein beispielsweise ein Grundstück, welches an Wert verloren hat im gleichen Jahr an den Ehepartner zu veräußern in dem ein Gewinn erzielt werden ist (also zumindest, wenn dies innerhalb der Spekulationsfrist erfolgt). Ein entsprechender Verkauf kann sich auch anbieten um Verluste zu realisieren, um Steuerverrechnungspotential für künftige Gewinne zu haben.

Der Veräußerungsgewinn bleibt steuerfrei, wenn dieser weniger als 600 € im Kalenderjahr beträgt (Gesamtgewinn).[74]

Wichtiger ist allerdings die Steuerfreiheit bei der Veräußerung von zu privaten Wohnzwecken genutzten Immobilien gemäß § 23 Abs. 1 Satz 1 Nr. 1 Satz 3 EStG. Wurde eine Immobilie ausschließlich zwischen Anschaffung und Verkauf zu privaten Wohnzwecken genutzt so ist der Verkauf unabhängig von der dazwischenliegenden Zeitdauer grundsätzlich steuerfrei. Gleiches gilt, wenn das Gebäude im Jahr der Veräußerung und in den zwei vorangegangenen Jahren ausschließlich privaten Wohnzwecken gedient hat.

Dies kann dazu dienen, um ein Gebäude trotz Spekulationsabsicht steuerfrei veräußern zu können.

---

[73] § 23 Abs. 3 Satz 7f EStG.
[74] § 23 Abs. 3 Satz 5 EStG.

Allerdings ist auch Vorsicht geboten. Wenn ein Grundstück z.B. angeschafft wird und fünf Jahre lang privaten Wohnzwecken dient und dann in Vorbereitung einer Veräußerung vermietet wird so kann plötzlich der gesamte Verkauf dann doch der Besteuerung unterliegen. Eine etwaige Veräußerungsabsicht sollte daher vor einer Vermietung unbedingt bedacht werden, um hier nicht in eine Steuerfalle zu tappen. Mittlerweile gibt es hier Rechtsprechung des Bundesfinanzhofs zu Gunsten der Steuerpflichtigen.

8.2. Grundstücksverkäufe aus dem Betriebsvermögen

Wirtschaftsgüter im Betriebsvermögen sind steuerverstrickt, d.h. jeder Rechtsträgerwechsel (Verkauf) oder Entnahme führt grundsätzlich zu einer Realisierung des Wertes (Veräußerungsgewinn bzw. -verlust). Jedenfalls sofern keine abweichenden Vorschriften wie das Umwandlungssteuergesetz oder Regelungen zur Buchwertübertragung [75] greifen.

Gleiches gilt entsprechend für Grundstücke. Unabhängig von der Haltedauer löst der Verkauf eine Versteuerung aus.

Der Gewinn oder Verlust aus der Veräußerung ermittelt sich hier aus der Differenz zwischen dem Verkaufspreis und dem Buchwert abzüglich der damit verbundenen Veräußerungsnebenkosten, soweit diese vom Verkäufer getragen werden.

Je nachdem wie lange sich das Grundstück bereits im Betriebsvermögen befunden hat, können hier erhebliche stille Reserven entstanden sein d.h. ein entsprechend hoher Gewinn entstehen, der mit einer entsprechend hohen Steuerlast verbunden sein kann.

---

[75] z.B. § 6 Abs. 3 EStG oder § 6 Abs. 5 EStG.

Es gibt allerdings eine Möglichkeit die Versteuerung zu vermeiden, wenn es im zeitlichen Zusammenhang zur Veräußerung auch Neuanschaffungen gibt. Hierdurch sollen Betriebe lebensfähig gehalten werden und nicht Neuinvestitionen bzw. Vergrößerungen durch übermäßige Steuern verhindert werden.

Diese Möglichkeit ist die Übertragung der stillen Reserven bei der Veräußerung von Grundstücken nach § 6b EStG.

Hierbei gibt es zwei Möglichkeiten. Entweder die stillen Reserven werden auf entsprechende Anlagegüter übertragen, die im Jahr der Veräußerung oder im davor liegenden Wirtschaftsjahr angeschafft worden sind.[76] Oder es kann eine gewinnmindernde steuerliche Rücklage gebildet werden und die stillen Reserven so auf Anlagegüter übertragen werden, die innerhalb der dem Verkauf folgenden vier Wirtschaftsjahre angeschafft werden.[77] Bei neu hergestellten Gebäuden, deren Bau (Herstellung) bis zum Ende des vierten Jahres begonnen hat, verlängert sich die Frist auf sechs Jahre.[78]

Damit dies vorgenommen werden kann sind mehrere Voraussetzungen zu erfüllen. Diese lassen sich wie folgt zusammenfassen. Das veräußerte Wirtschaftsgut muss seit mindestens sechs Jahren ununterbro-

---

[76] § 6b Abs. 1 Satz 1 EStG.
[77] § 6b Abs. 3 Satz 1 EStG.
[78] § 6b Abs. 3 Satz 3 EStG.

chen Anlagevermögen eines inländischen Betriebs sein und der Veräußerungsgewinn muss der deutschen Besteuerung unterliegen sowie eine Nachvollziehbarkeit innerhalb der Buchführung muss gewährleistet sein.[79]

In diesem Zusammenhang gibt es mehrere Punkte zu beachten.

Der Abzug erfolgt direkt von den Anschaffungs- bzw. Herstellungskosten des neu angeschafften Wirtschaftsgutes. Dies bedeutet, dass der Buchwert des neuen Wirtschaftsgutes inkl. der Bemessungsgrundlage für Abschreibungen bereits gemindert ist. Es handelt sich insofern lediglich um eine Verlagerung des Gewinns und damit um eine Steuerstundung.

Die Übertragung der stillen Reserven ist gemäß § 6b Abs. 1 Satz 2 EStG nur nach den folgenden Konstellationen möglich:

1. auf Grund und Boden bei Verkauf von Grund und Boden
2. auf Aufwuchs bei einem land- und forstwirtschaftlichen Betrieb bei Verkauf von Aufwuchs und Grund und Boden
3. auf Gebäude bei Verkauf von Gebäuden, Aufwuchs und Grund und Boden.

Die Übertragung der stillen Reserven muss nicht in voller Höhe erfolgen, sondern es handelt sich um ein

---

[79] § 6b Abs. 4 EStG.

Wahlrecht, welches teilweise ausgeübt werden kann. Wird beispielsweise ein Gewinn von 100 T€ realisiert, aber nur eine Ersatzanschaffung von 80 T€ geplant, so ist es nur sinnvoll die Rücklage bis zu dem Betrag von 80 T€ zu bilden. Es kann unter Umständen auch sinnvoll sein beispielsweise einen anteiligen Gewinn zu versteuern um einen niedrigen Steuersatz auszunutzen oder wenn sonst in dem Wirtschaftsjahr ein Verlust entstehen würde.

Sofern die Übertragung der stillen Reserven über eine Rücklage erfolgen soll, muss die entsprechende Anschaffung innerhalb der Frist erfolgen. Andersfalls kommt es zur Auflösung der gebildeten Rücklage jedoch unter Berücksichtigung eines zusätzlichen Gewinns von 6% der Rücklage für jedes volle Wirtschaftsjahr, in dem diese Rücklage bestanden hat.[80]

---

[80] § 6b Abs. 3 Satz 5 u. Abs. 7 EStG.

8.3. gewerblicher Grundstückshandel

Ein Sonderfall im Rahmen von Grundstücksveräuße-
rungen ist der gewerbliche Grundstückshandel. Maßgeblich zur Abgrenzung zur privaten Vermögensverwaltung ist die Art der Tätigkeit. Wer mehrfach
Grundstücke mit der Absicht diese innerhalb kurzer
Zeit wieder zu veräußern erwirbt, der handelt nicht
mehr im Rahmen der privaten Vermögensverwaltung. Allerdings gibt es zu dieser pauschalen Aussage
noch viele Details zu beachten.

Grundsätzlich ist zu sagen, dass bei Vorliegen eines
gewerblichen Grundstückshandel entsprechende
Einkünfte aus Gewerbebetrieb (inkl. Gewerbesteuer-
pflicht) erzielt werden und die entsprechenden Immobilien Umlaufvermögen dieses Betriebs darstellen.
Umlaufvermögen wird im Gegensatz zum Anlagevermögen nicht regelmäßig abgeschrieben, sondern nur
bei einer entsprechenden dauerhaften Wertminde-
rung.[81]

Der gewerbliche Grundstückshandel ist im Gesetz
nicht geregelt, sondern wurde im Rahmen der Rechtsprechung definiert und weiterentwickelt. Die Finanzverwaltung hat die Grundsätze im BMF-
Schreiben vom 26. März 2004 [82] zusammengefasst.

---

[81] § 6 Abs. 1 Nr. 2 Satz 2 EStG.
[82] BStBl I 2004, 434.

Maßgebliches Kriterium in der Abgrenzung zur privaten Vermögensverwaltung ist die Beteiligung am allgemeinen wirtschaftlichen Verkehr. Die Grenze der Vermögensverwaltung kann im Wesentlichen entweder durch die Anzahl der veräußerten Objekte oder durch Verwertungsmaßnahmen im Vorfeld eines Verkaufs überschritten werden. Daneben gibt es noch kleinere andere Merkmale wie z.B. die Tätigkeit eines Maklers, die üblicherweise eine gewerbliche Tätigkeit darstellt.

Bei einem Verkauf von mehr als drei Objekten d.h. Überschreitung der „Drei-Objekt-Grenze" innerhalb eines Zeitraums von fünf Jahren (zeitlicher Zusammenhang) liegt aus Sicht des Bundesfinanzhofs in der Regel ein gewerblicher Grundstückshandel vor.[83] Dies hat zur Folge, dass bereits das erste in diesem Zeitraum veräußerte Objekt zum gewerblichen Grundstückshandel hinzuzählt.

Liegt dem Grunde nach einer gewerblicher Grundstückshandel vor, so gehören alle Grundstücke, die zum Zweck des Verkaufs erworben werden auch direkt zum Betriebsvermögen. Falls sich ein geplanter Verkauf über mehr als zehn Jahre zieht, so wäre ein Verkauf trotzdem noch steuerpflichtig. Ändert sich die Nutzungsabsicht so kann eine (steuerbare) Entnahme aus dem Betriebsvermögen in das Privatvermögen erfolgen.

---

[83] BFH-Urteil vom 11. März 1992, BStBl II 1992, 1007.

Allerdings ist bei der Einordung auch Vorsicht geboten. Die Finanzverwaltung neigt dazu in Fällen eines gewerblichen Grundstückshandels den gesamten Immobilienbesitz zu Betriebsvermögen zu erklären. Dies ist allerdings nichtzutreffend. Sofern einzelne Objekte mit dem Zweck der langfristigen Vermietung gehalten werden, dann sind diese weiterhin vorrangig dem Bereich der Vermietung und Verpachtung zuzurechnen. Nur weil ein gewerblicher Grundstückshandel vorliegt, können daneben mit Immobilien auch noch andere Einkünfte erzielt werden. Der Verkauf einer derartig zugeordneten Immobilien nach mehr als zehn Jahren bleibt daher steuerfrei.

9. Abschreibungen bei Gebäuden inklusive Sonderabschreibungen

Grundsätzlich werden bei Wirtschaftsgütern, die über mehrere Jahre nutzbar sind, die Anschaffungs- bzw. Herstellungskosten nicht im Jahr der Entstehung steuermindernd berücksichtigt, sondern über die betriebsgewöhnliche Nutzungsdauer.[84]

Bei Gebäuden werden pauschale Nutzungsdauern vom Gesetz unterstellt und abhängig von der Einordnung des Gebäudes gelten die folgenden Abschreibungswerte:
- 3% soweit das Gebäude zu einem Betriebsvermögen gehört und nicht Wohnzwecken dient,[85]
- 2% wenn die o.g. Voraussetzungen nicht erfüllt sind und die Fertigstellung des Gebäudes nach dem 31. Dezember 1924 erfolgt ist,[86]
- 2,5% in den übrigen Fällen.[87]

Soweit allerdings die tatsächliche Nutzungsdauer des Gebäudes weniger als die pauschalierten 33-50 Jahre beträgt, kann auch eine höhere Abschreibung be-

---

[84] § 7 Abs. 1 Satz 1 und Satz 2 EStG.
[85] § 7 Abs. 4 Satz 1 Nr. 1 EStG.
[86] § 7 Abs. 4 Satz Nr. 2 Buchstabe a) EStG.
[87] § 7 Abs. 4 Satz Nr. 2 Buchstabe b) EStG.

rücksichtigt werden.[88] Ein Nachweis kann z.B. durch ein Gutachten erfolgen oder weil ein Abriss in ein paar Jahren angeordnet ist.

Darüber hinaus gibt es für Gebäude in städtebaulichen Sanierungsgebieten und für Baudenkmäler erhöhte Abschreibungen. In beiden Fällen können statt der normalen Abschreibungen im Jahr der Herstellung und den darauffolgenden sieben Jahren bis zu 9% Sonderabschreibung pro Jahr berücksichtigt werden und in den nachfolgenden Jahren noch einmal weitere 7% pro Jahr. Dies bedeutet dann ggf. eine volle Abschreibung in zwölf statt fünfzig Jahren. Begünstigt sind Modernisierungs- bzw. Erhaltungsaufwendungen, jedoch nicht die Anschaffung. Außerdem ist eine Bescheinigung der jeweils zuständigen Gemeinde Voraussetzung für die Inanspruchnahme.[89]

Für einen zeitlich begrenzten Zeitraum hat der Gesetzgeber außerdem die Möglichkeit geschaffen für neu geschaffene Wohnungen Sonderabschreibungen gelten zu machen. Durch diesen steuerlichen Anreiz soll der Mietwohnungsneubau gefördert werden.[90]

Hierbei können jährlich bis zu 5% der AfA-Bemessungsgrundlage im Jahr der Anschaffung / Herstellung in den darauffolgenden drei Jahren steu-

---

[88] § 7 Abs. 4 Satz 2 EStG.
[89] § 7h bzw. 7i EStG.
[90] § 7b EStG.

erlich geltem gemacht werden[91]. Dies bedeutet 20% Sonderabschreibung.

Folgende Voraussatzungen müssen erfüllt sein:
- Bauantrag muss zwischen dem 31. August 2018 und dem 1. Januar 2022 gestellt werden und
- Anschaffungs- oder Herstellungskosten maximal 3.000 € pro Quadratmeter und
- die Wohnung muss der entgeltlichen Überlassung zu Wohnzwecken dienen (dauerhaft, d.h. nicht nur kurzfristig).[92]

Außerdem muss es sich auch grundsätzlich um eine Wohnung im Sinne des § 181 Abs. 9 BewG handelt, d.h. es muss damit ein vollständiger eigener Haushalt geführt werden können (Küche und Bad) und mindestens eine Fläche von 23 Quadratmeter haben (außer bei Seniorenheimen / betreutem Wohnen und Studentenwohnheim wo bereits 20 Quadratmeter ausreichend sind). Gefördert werden maximal Anschaffungs- bzw. Herstellungskosten von bis zu 2.000 € je Quadratmeter.

Dies sind recht enge Voraussetzungen, aber sicherlich eine Überlegung wert. Beispielsweise bei aktuell neu gebauten Pflegeimmobilien achten die Projektierer in der Regel darauf, dass die Voraussetzungen eingehalten sind. Nach zehn Jahren ist ein steuerfreier Verkauf auch bei solchen Objekten möglich.

---

[91] § 7b Abs. 1 Satz 1 EStG.
[92] § 7b Abs. 2 EStG.

10. Gestaltungsvarianten und Sonderfälle

10.1. Betriebsaufspaltung als Sonderfall und wie man sie vermeiden kann

Das Thema der Betriebsaufspaltung ist ein steuerlicher Sonderfall, der mit Chancen verbunden ist, aber durchaus auch steuerliche Risiken birgt. Insbesondere dann, wenn eine Betriebsaufspaltung zu spät erkannt wird oder unbeabsichtigt ausgelöst wurd.

Im Gesetz sucht man hierzu vergeblich eine direkte Erwähnung. Das Konstrukt wurde durch die Rechtsprechung des Bundesfinanzhofs [93]geprägt und von der Finanzverwaltung schnell akzeptiert[94].

Eine Betriebsaufspaltung liegt vor, wenn zwei rechtliche selbstständige Unternehmen personell und wirtschaftlich derart verflochten sind, dass diese wirtschaftlich ein einheitliches Unternehmen darstellen. Die Rechtsfolge ist, dass das wirtschaftliche Gesamtunternehmen einen einheitlichen Gewerbebetrieb darstellt und alle Einkünfte solche aus Gewerbebetrieb darstellen.

---

[93] BFH-Urteil vom 8. November 1971, BStBl II 1972, 63.
[94] H. 15.7 Abs. 4 EStH.

Eine wirtschaftliche bzw. sachliche Verflechtung liegt vor, wenn ein Besitzunternehmen wesentliche Betriebsgrundlagen an ein Betriebsunternehmen überlässt. Dies kann beispielsweise das Fabrik- oder Geschäftsgrundstück sein. Hierbei ist lediglich die Überlassung erforderlich, nicht jedoch, dass diese Überlassung auch entgeltlich erfolgt.

Eine personelle Verflechtung liegt vor, wenn eine Person (oder Personengruppe) in beiden rechtlich selbstständigen Unternehmen einen einheitlichen Betätigungswillen durchsetzen kann. Dies ist beispielsweise dann erfüllt, wenn die gleiche Person Eigentümer des Grundstücks und des Betriebsunternehmens ist.

Steuerrechtlich wird hierdurch vermieden, dass wesentliche Betriebsgrundlagen, die grundsätzlich Betriebsvermögen darstellen würden, nur deshalb Privatvermögen bleiben, weil der Betrieb durch eine Kapitalgesellschaft geführt wird, aber das Eigentum bei der Privatperson bleibt.

Liegt eine Betriebsaufspaltung vor, so stellen die Wirtschaftsgüter des Besitzunternehmens notwendiges Betriebsvermögen dar und sind damit steuerverstrickt. Auch die Anteile am Betriebsunternehmen sind dann Betriebsvermögen.

Eine oftmals nicht bedachte Steuerfalle ergibt sich dadurch beispielsweise bei der Überlassung von Privaträumen an eine eigene GmbH. Wer sein Unternehmen im Keller oder der Garage gründet und zur Haftungsminimierung bzw. zur Vorbereitung von Steuergestaltungen eine GmbH oder UG (haftungsbeschränkt) gründet, der kann sich bereits diesem Risiko aussetzen. Ob nun IT-Unternehmen oder Online-Handel, wenn der Kapitalgesellschaft zur Durchführung der Geschäfte nur diese Betriebsräume zur Verfügung stehen, dann stellen diese eine wesentliche Betriebsgrundlage dar, sodass eine Betriebsaufspaltung vorliegt.

Wenn sodann das Unternehmen mehrere Jahre wächst und Gewinn erwirtschaftet, sodass vielleicht sogar durch die Gesellschaft selbst eine eigene Büroimmobilie erworben wird und ein Auszug aus den privaten Räumen erfolgt, kommt es zu einer Auflösung der Betriebsaufspaltung. Wird die Betriebsaufspaltung aufgelöst wird aus dem Betriebsvermögen im Wege einer Entnahme Privatvermögen. Dann müssen die stillen Reserven am anteiligen Grundstück aber auch an den Anteilen der GmbH bzw. UG (haftungsbeschränkt) sofort besteuert werden. Dies kann erhebliche private Steuern auslösen, und zwar ohne, dass Einnahmen auf privater erzielt werden.

Gleiches Beispiel gilt, wenn die Geschäftsführung einer Immobilien-GmbH ausschließlich aus dem Arbeitszimmer im privaten Wohnhaus oder der Wohnung ausgeübt wird und das Arbeitszimmer keinem anderen Zweck dient.

Vermeiden lässt sich eine Betriebsaufspaltung, indem man dafür sorgt, dass eine Voraussetzung nicht vorliegt. Hierfür gibt es verschiedene Möglichkeiten wie zum Beispiel:

- Anteilsmehrheit am Betriebsunternehmen vermeiden,
- Privateigentum vorher an nah stehende Personen (Ehegatten, Kinder etc.) übertragen,
- Betriebs- und Besitzunternehmen als Schwestergesellschaften führen,
- Vertragsgestaltungen, die eine Willensdurchsetzung vermeiden (abweichende Stimmrechte, Einstimmigkeitsprinzip bei Personengesellschaften.

10.2. Steuerfalle – verbilligte Vermietung

Die verbilligte Vermietung von Wohnungen kann sich auch unbeabsichtigt zu einer Steuerfalle entwickeln. Wird eine Wohnung zu weniger als 66% der ortsüblichen Marktmiete (Maßstab ist die Warmmiete) vermietet so dürfen die Werbungskosten nur im gleichen Maßstab abgezogen werden.[95] Die Vermietung einer 50 Quadratmeter Wohnung für warm 300 € bei einer Miete laut Mietspiegel von 6 € je Quadratmeter (600 € insgesamt) führt dazu, dass die Werbungskosten lediglich zu 50% berücksichtigt werden.

Hierbei spielt es keine Rolle, ob die Vermietung an nahe Angehörige, gute Freunde oder fremde Dritte erfolgt. Auch wird nicht berücksichtigt, dass die Wohnung zu einem höheren Preis nicht vermietet werden kann.

Es empfiehlt sich also bei Mietverträgen den Mietspiegel der Gemeinde im Blick zu halten, da sich aus diesem die ortsübliche Marktmiete ergibt. Dies gilt ebenso, wenn die ortsübliche Miete später steigt.

In diesem Zusammenhang ist es auch wichtig darauf zu achten, dass die umlegbaren Nebenkosten auch tatsächlich an die Mieter abgerechnet werden, da es ansonsten bereits dadurch zu Verschiebungen kommen kann.

---

[95] § 21 Abs. 2 Satz 1 EStG.

Der Gesetzgeber zwingt mit dieser Vorschrift also auch gleichzeitig dazu die Mieten regelmäßig zu erhöhen. Ob dies mit anderen gesetzlichen Regelungen und Zielen wie der bisher gescheiterten Mietenbremse vereinbar ist kann dahingestellt bleiben. Wenn ein Nachweis geführt werden kann, dass eine verbilligte Vermietung nicht privat begründet ist, dann lohnt sich hier m.E. der Rechtsstreit.

10.3. Untervermietung als Chance mit geringem Kapitaleinsatz

Einkünfte aus Vermietung und Verpachten setzen dem Wortlaut nach nicht voraus, dass es sich dabei um eigenes Vermögen handeln muss.

Gerade in Studentenstädten sind Wohngemeinschaften (WG) üblich. Ob beabsichtigt oder nicht kann es hier zu Vermietungseinkünften kommen.

Mietet einer der Bewohner z.B. eine WG (gleiche Zimmergrößen) für drei Personen für 900 € und erhält er von jedem der beiden anderen Mitbewohner 400 € so liegen die Einkünfte aus Vermietung und Verpachtung bei 200 €.

Bei richtiger Kalkulation und gezielter Anmietung von großen Wohnungen können bereits ohne hohen Kapitaleinsatz laufende Mieteinkünfte erzielt werden.

10.4. Absetzung eines häuslichen Arbeitszimmers

Ein häusliches Arbeitszimmer ist steuerlich nicht zu berücksichtigen. Dies ergibt sich aus § 4 Abs. 5 Nr. 6b EStG. Allerdings werden hiervon Ausnahmen zugelassen, und zwar dann, wenn kein anderer Arbeitsplatz zur Verfügung steht (beschränkter Abzug von maximal 1.250 € pro Jahr) bzw. wenn das Arbeitszimmer der Mittelpunkt der gesamten Tätigkeit darstellt (unbeschränkter Abzug).

Ein Immobilieninvestor kann also durchaus die Kosten für sein privates Arbeitszimmer steuerlich geltend machen, da ihm zur Verwaltung seiner Immobilien in der Regel kein anderer Arbeitsplatz (z.B. bei seinem Arbeitgeber) für diesen Zweck zur Verfügung steht.

Hierfür ist weitere Voraussetzung, dass es sich um einen abgeschlossenen Raum (keine Arbeitsecke, kein Durchgangszimmer) handelt und dieser (fast) ausschließlich dem Zweck der Einkünfteerzielung dient. Eine gemischte Nutzung z.B. als regelmäßiges Gästezimmer schließt die steuerliche Absetzbarkeit aus.

Die auf das Arbeitszimmer entfallenden Kosten können in der Regel auf Basis der anteiligen Nutzfläche aufgeteilt werden.

10.5. Verteilung von Erhaltungsaufwand zur Steueroptimierung

Aufwand ist im Abflusszeitpunkt entsprechend dem § 11 Abs. 2 Satz 1 EStG steuerwirksam zu berücksichtigen. Kommen in einem einzelnen Jahr hohe Aufwendungen zusammen, so kann hierdurch die Steuerlast gemindert werden.

Allerdings kann dies auch nachteilig wirken. Aufgrund der progressiven Steuersätze ist es oft sinnvoller einen eher gleichmäßigen geringeren Steuersatz zu haben als in einzelnen Jahren diesen auf 0% zu drücken und dafür in anderen den Spitzensteuersatz zu zahlen.

Um dem entgegenzuwirken, bietet der § 82b EStDV das Wahlrecht hohe Erhaltungsaufwendungen (ohne Definition ab wann dies erreicht ist) über zwei bis fünf Jahre zu verteilen. Erforderlich ist hierfür, dass der Erhaltungsaufwand auf ein Gebäude entfällt, welches vorrangig für Wohnzwecke genutzt wird.

Das Wahlrecht kann auch eine teilweise Rettung sein, wenn vergessen wurde entsprechende Aufwendungen im richtigen Jahr gelten zu machen. Dann verteilt man ab dem Folgejahr den Erhaltungsaufwand auf fünf Jahre und verliert so im Ergebnis nur für das erste Jahr den Werbungskostenabzug, also dann zumindest nur 1/5.

10.6. Zusätzliches Abschreibungsvolumen generieren

Nach spätestens 50 Jahre ist das Abschreibungsvolumen vollständig ausgeschöpft. Bei Ausnutzung von Sonderregelungen oder bei z.B. geerbten Gebäuden kann dieser Effekt schon früher eintreten. Wenn dies soweit ist, dann werden weiterhin Einnahmen mit dem Objekt generiert, aber es stehen dem weniger Werbungskosten entgegen. Im Ergebnis ist die Steuerlast unnötig hoch.

Neues Abschreibungsvolumen kann generiert werden, wenn es wieder Anschaffungs- oder Herstellungskosten gibt.

Eine Möglichkeit ist der Abriss und anschließender Neubau des Gebäudes.

Allerdings gibt es auch leichtere Möglichkeiten wie z.B. der Verkauf des Grundstücks an Ehegatten, Kinder oder auch an eigene Gesellschaften wie z.B. eine GmbH oder eine GmbH & Co. KG. Sobald es einen zivilrechtlichen Eigentümerwechsel oder eine Einlage in das Betriebsvermögen gibt liegen neue Anschaffungskosten vor.

Auf dieser Basis können vollkommen legal und steuerfrei (Verkauf nach Ablauf der Spekulationsfrist) neue Werbungskosten in Form von Abschreibungen generiert werden.

Gleichzeitig ist dies der ideale Zeitpunkt, um z.b. eine vorweggenommene Erbfolge oder die Verlagerung von Immobilien in eine vermögensverwaltende Gesellschaft umzusetzen.

10.7. Berücksichtigung von geringwertigen Wirtschaftsgütern

Selbstverständlich wird eine Immobilie niemals ein geringwertiges Wirtschaftsgut darstellen.

Allerdings brauch man als Immobilieninvestor auch entsprechendes Arbeitsgerät wie Computer oder Handys.

Normalerweise werden die Anschaffungskosten von Wirtschaftsgütern über die voraussichtliche Nutzungsdauer aufgeteilt und sind in jedem Jahr anteilig zu berücksichtigen. Ein Laptop im Wert von 1.200 € mit einer Nutzungsdauer von 3 Jahren kann jedes Jahr mit 400 € berücksichtigt werden (*im Rahmen der Corona-Sonderregelungen gilt hier eine geminderte Abschreibungsdauer von einem Jahr*). Kostet der Laptop jedoch nur 800 € (GwG-Grenze) kann der Anschaffungspreis im ersten Jahr in voller Höhe berücksichtigt wer-den. Diese sofortige Abschreibung ist bei Wirtschaftsgütern möglich, die nicht mehr als 800 € kosten und selbstständig nutzbar sind. Der o.g. Laptop kann selbstständig genutzt werden und ein Multifunktionsdrucker (Drucker, Scanner, Faxgerät in einem auch). Jedoch ist z.B. ein Computerbildschirm kein GwG, weil eine Nutzung nur im Zusammenhang mit weiteren Wirtschaftsgütern möglich ist.

Hieraus ergibt sich auch eine Möglichkeit der Steueroptimierung, indem gezielt die GwG-Grenzen bei Anschaffungen in Auge behalten werden.

Diese Abschreibungen für geringwertige Wirtschaftsgüter können sowohl für Betriebs- als auch für Privatvermögen berücksichtigt werden.

10.8. UG (haftungsbeschränkt) & Co. KG

Die Gründung einer GmbH setzt ein Eigenkapital von mindestens 12.500 € voraus und wenn dieses nur zu Hälfte eingezahlt wird besteht eine theoretisch Nachschussverpflichtung, bis das volle Stammkapital erreicht ist.

Wer mit weniger Kapital bzw. weniger Risiko gründen will oder mehrere Objektgesellschaften gründen will, der kann auf die Unternehmergesellschaft (haftungsbeschränkt) oder kurz UG (haftungsbeschränkt) [96]zurückgreifen.

Diese kann mit weniger als 25.000 € Stammkapital gegründet werden. Es sollte wenigstens so viel aufgewendet werden, dass die Gründungskosten bezahlt werden können.

Auf diesem Weg kann mit minimalen Eigenkapitaleinsatz eine Streuung von Einzelobjekten in verschiedene haftungsbeschränkte Personengesellschaften erreicht werden.

Dies ist insbesondere für spätere grunderwerbsteuerlich günstige Übertragungen hilfreich.

---

[96] § 5a GmbHG.

10.9. Geschäftsführeranstellung bei einer Kapitalgesellschaft

Erfolgt die gesamte Einkünfteerzielung über die vermögensverwaltende Kapitalgesellschaft und hat der Gesellschafter selbst keine Einkünfte, dann zahlt die Gesellschaft rund 15% bis 30% Steuern und der Gesellschafter 0%. (Gewinnausschüttungen würden der Kapitalertragsteuer unterliegen oder dem tariflichen Steuersatz ggf. unter Anwendung des Teileinkünfteverfahrens.)

Effektiver lässt sich der Steuersatz allerdings durch ein Geschäftsführergehalt regulieren. Ein solches Gehalt mindert als Betriebsausgabe die Steuerlast der GmbH und bei optimaler Planung und Gestaltung zahlt der Gesellschafter darauf weniger Steuern als die GmbH einspart.

Ein beherrschender Gesellschafter-Geschäftsführer ist normalerweise sozialversicherungsfrei beschäftigt, sodass außer dem Gehalt, welches ja direkt dem Gesellschafter zufließt, keine wesentlich größere Belastung für die Gesellschaft daraus entsteht. Der Mindestlohn ist in solchen Fällen nicht zu beachten.

11. Erklärungspflicht bei Immobilien

11.1. Wer ist zur Abgabe einer Steuererklärung verpflichtet?

Grundsätzlich ist nach dem Gesetz erst einmal jeder Steuerpflichtige zur Abgabe seiner Einkommensteuererklärung verpflichtet, sofern keine Ausnahme greift.[97]

Diese Regelung wird durch den § 56 EStDV abgemildert. Darin ist geregelt, dass eine Erklärungspflicht nur dann besteht, wenn

a) Keine Einkünfte aus nichtselbstständiger Arbeit erzielt worden sind und die Einkünfte insgesamt weniger als den jeweiligen Grundfreibetrag (2020 9.408 €) betragen haben. Bei zusammen veranlagten Ehegatten gilt der doppelte Grundfreibetrag oder

b) Einkünfte aus nichtselbstständiger Arbeit vorliegen und eine der nachfolgend genannten Verpflichtungsgründe nach § 46 EStG greift.

---

[97] § 25 Abs. 1 EStG.

Außerdem besteht auch dann eine Verpflichtung zur Erklärungsabgabe, wenn aus Vorjahren noch ein Verlustvortrag nutzbar ist.

Nach § 46 Abs. 2 Nr. 1 EStG besteht eine Erklärungspflicht, wenn Einkünfte aus nichtselbstständiger Arbeit erzielt werden und wenn die Einkünfte, für die keine Lohnsteuer einbehalten wurde (also alle anderen Einkünfte außer nichtselbstständiger Arbeit) und / oder die Summe der Einkünfte und Bezüge, die dem Solidaritätszuschlag unterliegen (z.B. Krankengeld) den Betrag von 410 € übersteigen. Es müssen also Nebeneinkünfte oder Progressionseinkünfte von nicht nur geringfügiger Bedeutung vorliegen. Aus dieser Vorschrift ergibt sich auch, dass Nebeneinkünfte bis zu einem Betrag von 410 € selbst bei Erklärungsabgabe unversteuert bleiben.

Nur wenn einer der Punkte vorliegt besteht eine Verpflichtung für eine Privatperson zur Abgabe der Steuererklärung.

Personen- und Kapitalgesellschaften sind grundsätzlich zur Abgabe der Steuererklärungen verpflichtet. Hier gibt es keine Ausweichmöglichen.

11.2. Bis wann muss die Steuererklärung abgegeben werden?

Wer zur Abgabe verpflichtet ist hat bis Ende Juli des Folgejahres Zeit eine entsprechende Erklärung abzugeben. Sofern die Erklärungen durch einen Steuerberater erstellt werden, ist Zeit bis Ende Februar des übernächsten Jahres der Veranlagung. Die Steuererklärung für 2020 müsste bei Betreuung durch einen Steuerberater also erst Ende Februar 2022 abgegeben werden.

Die Finanzverwaltung darf in bestimmten Fällen (verspätete Abgaben in der Vergangenheit, zu erwartende hohe Nachzahlungen) auch die vorzeitige Abgabe verlangen.

11.3. Mitwirkungspflichten im Rahmen der Steuerveranlagung

Allgemein ergibt sich aus § 90 AO, dass jeder Steuerpflichtige zur Mitwirkung bei der Ermittlung steuerlich relevanter Sachverhalte verpflichtet ist. Dieser Mitwirkungspflicht wird nachgekommen, indem alle für die Besteuerung erheblichen Tatsachen vollständig und wahrheitsgemäß offengelegt werden. Dies erfolgt beispielsweise im Rahmen der Abgabe der Einkommensteuererklärung.

Dies wird jedoch noch weiter vertieft, dadurch dass jeder Steuerpflichtige und auch andere Personen (Geschäftspartner, Verwandte etc.) zur Auskunft verpflichtet sind (spätestens im Rahmen von Auskunftsersuchen).[98]

Neben der Möglichkeit des Auskunftsersuchens, kann das Finanzamt verlangen sachgerechte Unterlagen wie Urkunden, Aufzeichnungen, Geschäftspapiere etc. vorzulegen.[99]

Daneben bestehen auch noch Anzeige- / Mitteilungspflichten z.B. nach § 138 AO bei der Aufnahme einer gewerblichen, freiberuflichen oder landwirtschaftlichen Tätigkeit. Diese Mitteilung muss innerhalb von einem Monat nach Aufnahme der Tätigkeit erfolgen.

---

[98] § 93 AO.
[99] § 97 Abs. 1 AO.

Zur Durchsetzung der Mitwirkungspflichten kann die Finanzverwaltung auf Zwangsmitteln wie Zwangsgelder (bis zu 25.000 €) oder Ersatzzwangshaft zurückgreifen.[100]

Darüber hinaus kann bei fehlender Mitwirkung eine Steuergefährdung[101] oder leichtfertige Steuerverkürzung[102] bzw. sogar Steuerhinterziehung[103] vorliegen. Dies sind Ordnungswidrigkeiten bzw. Straftaten. Insbesondere ist darauf hinzuweisen, dass eine Steuerhinterziehung vorliegt, wenn jemand die Finanzbehörde pflichtwidrig über steuerlich erhebliche Tatsachen in Unkenntnis lässt und dadurch Steuern nicht, nicht rechtzeitig oder nicht in voller Höhe bezahlt. Darunter fällt die Nichtabgabe einer Steuererklärung trotz Verpflichtung. Dies kann jedoch auch die zu späte Abgabe einer Steuererklärung umfassen, wenn es zu einer Nachzahlung kommt.

Wie im deutschen Rechtssystem üblich schützt an dieser Stelle Unwissenheit nicht vor Strafe. Allerdings führt zumindest ein leichtfertiges Handeln (Sorgfaltspflichten nicht eingehalten, jedoch ohne Vorsatz gehandelt) noch nicht zu einer Straftat. Aber auch eine leichtfertige Steuerverkürzung kann Bußgelder in Bereichen bis 50.000 € zur Folge haben.

---

[100] §§ 328ff AO.
[101] § 379 AO.
[102] § 378 AO.
[103] § 370 AO.

12. Steuerbelastungsvergleich

12.1. Berechnungssystematik und Darstellung

Im Rahmen der Einkommensteuer werden alle Einkünfte zusammenaddiert zur Summe der Einkünfte. [104] Im Anschluss werden Freibeträge, Sonderausgaben und außergewöhnlich Belastungen abgezogen, um das zu versteuernde Einkommen zu ermitteln.[105]

Aus Vereinfachungsgründen wird bei der nachfolgenden Berechnung ausschließlich von einem ledigen, kinderlosen Steuerpflichtigen ausgegangen mit pauschalen Sonderausgaben / außergewöhnlichen Belastungen von 5.000 €.

Kapitalgesellschaften haben keine Sonderausgaben oder ähnliches. Die Einkünfte unterliegen direkt der Körperschaftsteuer von 15% zzgl. Solidaritätszuschlag. [106]Bei den nachfolgenden Berechnungen wird davon ausgegangen, dass alles richtig gemacht wurde

---

[104] § 2 Abs. 1 bis Abs. 3 EStG.
[105] § 2 Abs. 3 bis 5 EStG.
[106] §

8 KStG i.V.m. § 23 Abs. 1 KStG.

und die Einkünfte aus der Vermietung vollständig von der Gewerbesteuer befreit sind.[107]

Gewinnausschüttungen einer Kapitalgesellschaft an den Gesellschafter unterliegen entweder der Kapitalertragsteuer (25%) oder der tariflichen Einkommensteuer (Günstiger-Regelung bzw. Anwendung Teileinkünfteverfahren).[108]

Vereinfachend wird der Solidaritätszuschlag bei Rechenbeispielen weggelassen.

---

[107] §§ 9 Nr. 1 Satz 2ff GewStG.
[108] §§ 20 Abs. 1 Nr. 1, 3 Nr. 40 u. 32d EStG.

12.2. Vergleich der Steuerlast nach Betriebs- und Privatvermögen

Der Vergleich der Steuerbelastung zwischen Betriebs- und Privatvermögen lässt sich sehr kurz und einfach abhandeln.

Im Rahmen der laufenden Besteuerung kann durch höhere Abschreibungen, Rückstellungsbildung und ähnliches eine Steuerstundung erreich werden d.h. die Steuerlast kann kurzfristig im Vergleich zur Berücksichtigung im Privatvermögen gemindert werden.

Allerdings können Immobilien aus dem Privatvermögen heraus außerhalb der Spekulationsfrist und soweit kein gewerblicher Grundstückshandel vorliegt steuerfrei veräußert werden.

Immobilien können aus dem Betriebsvermögen heraus nur steuerpflichtig veräußert werden. In einer langfristigen Betrachtung und unter Berücksichtigung eins Totalgewinns ist daher im Ergebnis das Halten von Immobilien im Privatvermögen günstiger.

Nur ausnahmsweise z.B. zur Verbesserung des Bilanzbildes sollten Immobilien daher im Betriebsvermögen gehalten werden.

12.3. Vergleich der Steuerlast nach Rechtsformen

Bei der Überlegung ob Immobilien über eine vermögensverwaltende Kapitalgesellschaft oder als Privatperson erworben und verwaltet werden sollen sind einige Faktoren mehr zu berücksichtigen.

Maßgeblich hängt dies von weiteren Einkünften sowie dem Umfang der Objekte ab.

Nachfolgend werden drei Szenarien dargestellt jeweils unter Betrachtung der Totalsteuerbelastung über eine bestimmte Periode.

a) laufende jährliche Einkünfte von 30.000 € und einem Veräußerungsgewinn von 100.000 € nach zehn Jahren
b) laufende jährliche Einkünfte von 80.000 € und einem Veräußerungsgewinn von 100.000 € nach zehn Jahren
c) laufende Einkünfte von 100.000 € über zehn Jahre ohne Veräußerungsgewinn

Am Ende Periode wird von einer Ausschüttung des verfügbaren Kapitals an den Gesellschafter ausgegangen.

	Privatperson	Kapitalgesellschaft
a)		
laufend p.a.	3.626 €	4.500 €
Veräußerung	0 €	15.000 €
Ausschüttung	0 €	85.000 €
Total	36.265 €	145.000 €
nach Steuern	363.735 €	255.000 €
b)		
laufend p.a.	22.363 €	12.000 €
Veräußerung	0 €	15.000 €
Ausschüttung	0 €	191.250 €
Total	223.634 €	326.250 €
nach Steuern	676.366 €	573.750 €
c)		
laufend p.a.	30.763 €	15.000 €
Ausschüttung	0 €	162.500 €
Total	307.634 €	312.500 €
nach Steuern	592.366 €	587.500 €

Auf den ersten Blick stellt es sich bei dieser stark vereinfachten Berechnung so dar, dass die Besteuerung insgesamt über eine Kapitalgesellschaft nicht sinnvoller ist.

Dies gilt allerdings nur bei einem niedrigen persönlichen Steuersatz, der Absicht das Gebäude zu veräußern und einer Totalausschüttung der Einkünfte.

Ändert man das Szenario ab in Richtung einer Privatperson, die Einkünfte aus nicht selbstständiger Arbeit von 50.000 € pro Jahr erzielt so bewegt sich die laufende Besteuerung der Einkünfte der Immobilien bereits bei einem Grenzsteuersatz zwischen 35% und 42%.

Die laufende Besteuerung der Einkünfte über eine Immobiliengesellschaft ist sehr schnell günstiger.

Werden die Erträge nicht zur Ausschüttung eingeplant, sondern für Reinvestitionen in neue Objekte lässt sich dies sehr schnell hochskalieren. Beim Szenario b) liegt die laufende Steuerbelastung bereits fast bei der Hälfte (mehr als 10.000 € günstiger).

Für einen langfristigen und strukturieren Vermögensaufbau lohnt sich der Weg über eine Kapitalgesellschaft in der Regel.

Betrachtet werden sollten dabei verschiedene Parameter wie:
- Cash-Flow
- laufende Einkünfte
- erforderliche Erhaltungsaufwendungen
- Veräußerungsabsicht / erwarteter Veräußerungsgewinn

Bei ausreichender Planung kann es auch denkbar sein ein Objekt erst privat zu erwerben und Erhaltungsaufwendungen auf privater Ebene steuermindern anzusetzen und das Objekt dann später, wenn laufende hohe Erträge generiert werden in die vermögensverwaltende Gesellschaft zu verlagern.

Auch die Beteiligung von Kindern / Ehegatten und Berücksichtigung eines Geschäftsführergehalts sollte bei der Planung eine Rolle spielen.

13. Umsatzsteuer und Immobilien

Die nachfolgende Darstellung soll lediglich einen kurzen Überblick liefern und keinen vertiefenden Einblick in die Umsatzsteuer liefern.

Die (langfristige) Vermietung ist grundsätzlich von der Umsatzsteuer befreit.[109]

Damit braucht sich ein Immobilieninvestor grundsätzlich keine Gedanken um das Thema der Umsatzsteuer machen.

Allerdings kann auf diese Steuerbefreiung verzichtet werden, wenn die Vermietung an einen Unternehmer für dessen Unternehmen (also nicht zu Wohnzwecken) erfolgt. Voraussetzung ist auch, dass der Mieter / Pächter vollständig zum Vorsteuerabzug berechtigt ist (z.B. Ärzte fallen damit raus).[110]

Erfolgt die Vermietung steuerpflichtig so können im Gegenzug für Eingangsleistungen wie Maklerkosten, Steuerberatungskosten, Stromkosten, Erhaltungsauwendungen usw. auch die Vorsteuern geltend gemacht werden. [111]Hierdurch sinken effektiv die lau-

---

[109] § 4 Nr. 12 Buchstabe a) UstG.
[110] § 9 Abs. 1 u. 2 UstG.
[111] § 15. Abs. 1 Nr. 1 UstG.

fenden Kosten. Die an den Mieter in Rechnung ge-
stellte Umsatzsteuer wird auf die normal kalkulierte
Miete obendrauf geschlagen, weil dieser ebenfalls
einen Vorsteuerabzug hat.

Bei der Vermietung von Gewerbeobjekten lohnt es
sich also zu prüfen, ob eine steuerpflichtige Vermietung nicht günstiger ist.

Die Veräußerung von Grundstücken ist von der Umsatzsteuer befreit[112], jedoch kann auch hier auf diese
Steuerbefreiung verzichtet werden.[113]

---

[112] § 4 Nr. 9 Buchstabe a) UstG.
[113] § 9 Abs. 1 u. Abs. 3 UstG.

14. Erbschaftsteuerliche Sonderregelungen bei Immobilien

Ob Immobilien im Privatvermögen oder im Betriebsvermögen gehalten werden ist für Zwecke der Erbschaftsteuer vom Prinzip her unwichtig.

Gehören vermietete Objekte zum Betriebsvermögen so gehören diese zum Verwaltungsvermögen i.S.d. § 13b Abs. 4 Nr. 1 Buchstabe a) ErbStG mit der Folge, dass diese kein begünstigtes Vermögen darstellen.

Insbesondere eine vermögensverwaltende Kapitalgesellschaft kann daher nicht als steuerbegünstigtes Vermögen übertragen werden.

Zu Wohnzwecken vermiete Grundstücke sind im Rahmen der Erbschaft bzw. Schenkung zu 10% von der Steuer befreit.[114]

Aufgrund dieser sehr begrenzten Steuerbefreiungen und gleichzeitig oft sehr hohen Werten von Immobilien sollte daher die Vermögensübertragung an Kinder langfristig geplant werden.

---

[114] § 13d Abs. 1

Hierzu können folgende Maßnahmen ergriffen werden:

- Übertragung von belasteten Vermögen (Verbindlichkeiten mindern den Wert)
- frühzeitige Beteiligung an vermögensverwaltenden Gesellschaften
- Übertragungen unter Nießbrauchsvorbehalt
- regelmäßige Übertragung unter Ausnutzung der persönlichen Freibeträge